Lætitia Bataille

Cheval : problèmes et solutions

Je remercie

Le docteur vétérinaire Patrick V.
pour ses précieux conseils

Jacques, Joséphine, Antoine
pour leur patience !

DANS LA MÊME COLLECTION

LES CHEVAUX M'ONT DIT, ESSAI D'OSTÉOPATHIE ÉQUINE
Docteur Dominique Giniaux

SOULAGEZ VOTRE CHEVAL AU DOIGT... (ET À L'ŒIL !)
Docteur Dominique Giniaux

Equilivres est une marque de SNC OPTIPRESS au capital de 10 000 F,
locataire gérante de la SAS PREST EDIT. BP60. 78490 Montfort l'Amaury

ISBN 2-904971-40-8

Demander souvent
Se contenter de peu
Récompenser beaucoup

Capitaine BEUDANT

SOMMAIRE

PREMIÈRE PARTIE : PROBLÈMES À L'ÉCURIE OU AU PRÉ

DEUXIÈME PARTIE : PROBLÈMES LORS DU TRAVAIL

AVANT-PROPOS

Pour éviter d'avoir à nous répéter au fil des chapitres, nous ferons tout d'abord un rappel de la psychologie du cheval, qui permettra de mieux comprendre les causes de ses comportements.

En effet, le cheval a souvent des réactions qui nous paraissent "idiotes", alors qu'en réalité, elles sont parfaitement logiques si l'on se place de son point de vue ! Tout comme ses proches cousins l'âne, le zèbre, l'hémione, l'onagre (pour en citer que les principaux) le cheval est à l'origine un animal herbivore vivant en troupeau.

Il occupe dans la chaîne alimentaire le statut de proie, et dans la vie naturelle, son existence était sans cesse menacée par les autres animaux.

UN ÉTERNEL "CHASSÉ"

Le cheval ne possède pas de défenses actives : ni cornes, ni crocs, ni griffes, ni venin. Ses coups de sabot ne peuvent le protéger que d'un ennemi déjà trop rapproché, et situé derrière lui. Illusoire défense contre un fauve muni, lui, de crocs et de griffes acérés. La seule protection du cheval, c'est la fuite. C'est pourquoi il est pourvu de sens aiguisés. Il possède une vision "panoramique" lui permettant de voir presque derrière lui, un odorat développé, une ouïe très fine. Ses réflexes sont fulgurants (c'est ce qui d'ailleurs nous prend si souvent de court). Pour que tous ces systèmes de défense soient efficaces, sa psychologie est essentiellement axée sur la peur.

Rejoint par un prédateur le cheval aura un seul réflexe : éviter que l'animal saute sur son dos. Et si cela se produit, il lui faudra essayer de se débarrasser de l'ennemi par un véritable "rodéo" de la dernière chance.

Arrivé jusqu'à nous malgré tous les avatars de la préhistoire, le cheval, fruit de la sélection naturelle, a conservé de son époque ante-domestication des réflexes ataviques de crainte et de fuite.

Les chevaux domestiques obéissent toujours à cette mémoire très ancrée, que Konrad Lorenz appelle les "formes innées de l'expérience possible", ou plus simplement la "mémoire héréditaire de l'espèce".

Toutes les réactions du cheval en découlent, qui bien souvent nous surprennent.

L'INSTINCT GRÉGAIRE

Animal grégaire, le cheval vit troupeau, fractionné en petites structures de type harem, autour d'un étalon. Celui-ci a éliminé ses rivaux : les plus jeunes n'ont pas encore osé se mesurer à lui, ou ont été rapidement rabroués ; les plus vieux sont mis à l'écart ; les concurrents sérieux sont tenus en respect – jusqu'à nouvel ordre. Mais le véritable personnage important du groupe, c'est une jument, âgée, souvent bréhaigne, qui dirige les agissements du troupeau, donne les signaux de déplacement et fait régner l'ordre.

Privé du groupe, le cheval perd ses repères et s'affole – ce dont nous devons constamment nous souvenir dans nos rapports avec lui.

LA HIÉRARCHIE

Tous les individus occupent dans le troupeau un rang social précis, qu'ils acceptent de bonne grâce - bien qu'il y ait quelquefois des remises en question en fonction de l'arrivée de nouveaux arrivants, du vieillissement de certains éléments, de querelles sporadiques...

Les chevaux dominants sont ceux qui ont accès les premiers à la nourriture, aux points d'eau, aux places les plus confortables. Dans un troupeau de chevaux domestiques disposant d'un abri d'herbage, la place du fond, plus chaude l'hiver, plus abritée des mouches l'été, est réservée à l'élément le plus dominant, suivi du "numéro deux" dans la hiérarchie, et ainsi de suite jusqu'au plus "dominé" qui se contente de la dernière place au bord de l'abri, à moitié à l'extérieur. J'ai maintes fois pu vérifier que cet ordre était immuable et que si l'on cherchait à le modifier (pour protéger un cheval malade, par exemple) il s'ensuivait une grande angoisse pour les "dominés". Et comme chacun est le dominé de quelqu'un, l'anxiété gagne tout le troupeau et le désordre s'installe.

Le rôle des dominants a aussi ses vicissitudes. Le "leader" d'un groupe (en général une vieille jument) n'a pas droit à l'erreur : à lui de détecter le terrain marécageux, l'odeur suspecte de feu, le bruissement de feuilles remuées par un fauve. À lui de donner un éventuel signal de fuite, de passer en premier partout. Les autres le suivent, parce qu'ils ont confiance en lui...

LA TRANSPOSITION POSITIVE

C'est en sachant se positionner vis-à-vis vis du cheval comme un "congénère dominant" que l'homme a les meilleures chances de nouer avec l'animal une relation efficace et sereine, en évitant les luttes pénibles, parfois dangereuses, toujours destructrices des acquis. Pour que cette alchimie fonctionne, l'animal doit reconnaître l'homme comme leader incontesté ; il lui accorde alors sa confiance. Dès lors, la violence devient obsolète autant qu'absurde. Mais attention : un rapport où l'on chercherait à conquérir l'animal par démagogie, en ne le punissant jamais, serait lui aussi voué à l'échec. Les chiens trop gâtés qu'on ne corrige jamais manifestent des signes tangibles d'anxiété : si leur maître ne peut pas les faire obéir, qui pourra les défendre?

Pour que la relation soit harmonieuse, elle doit être basée sur le respect et non l'asservissement. Certes, on peut casser un cheval, le faire obéir par la force, le contraindre moralement et physiquement avec des moyens mécaniques (enrênements, entraves, embouchures de plus en plus dures...) Le cavalier est souvent vainqueur, rarement heureux. Et les résultats ainsi acquis ne sont pas forcément durables car le cheval a une excellente mémoire, et le naturel reviendra au galop. On aboutit à une inflation de "ficelles" et de moyens coercitifs, qui amènent à chercher toujours la réponse dans une nouvelle pièce de cuir...

LA "RÉCUPÉRATION" DES DÉSIRS DU CHEVAL

Il est plus utile d'utiliser notre intelligence et notre sensibilité pour mettre le cheval dans une situation où il a lui-même intérêt à faire ce que nous souhaitons qu'il fasse. Adapter toujours nos demandes à ses possibilités, à son niveau de dressage, à son âge. Choisir un moment propice et un terrain favorable. Saisir toutes les occasions d'être éducatif sans en avoir l'air, en mettant à profit les désirs naturels du cheval pour que leur satisfaction aille dans le sens de notre dressage. Et bien sûr, ne pas oublier de "récompenser beaucoup", selon la parole célèbre de Beudant.

Il faut aussi savoir maintenir avec le cheval un respect mutuel, ce qui n'exclut pas l'affection de notre part. Chacun a un espace vital : ne nous collons pas inutilement au cheval lorsqu'il est au travail ou que nous le menons en main. Ne le laissons pas nous pousser, nous bousculer, se gratter sur nous comme sur un arbre : il n'oserait pas le faire avec un congénère dominant!

Adoptons une attitude droite – celle d'un dominant - mais jamais hostile. Ne soyons pas un de ces cavaliers muets : la voix est une aide de grande importance. Mais ne négligeons pas non plus les gestes : une main levée face à un cheval qui s'approche trop est plus efficace qu'un pas de recul et un "non" crié avec agitation.

L'ACCEPTATION DES DIFFÉRENCES

Il ne faut pas tomber dans l'énorme erreur de l'anthropomorphisme : le cheval n'est pas comme nous! Mais nous savons comment il est : herbivore et craintif, généreux mais parfois têtu, jamais indifférent à nos câlins et encore moins à nos bons soins... Mieux nous le connaîtrons, mieux nous pourrons comprendre ses réactions parfois si imprévues, les anticiper, en réduire les conséquences. Cette connaissance du cheval nous permettra de prévenir plus que de guérir, de prévoir plus que de risquer, de rassurer plus que de corriger. Et de résoudre les problèmes – il y en a forcément - sans dégâts, sans pertes de temps, et même en construisant au quotidien une véritable amitié.

L. B.

AVERTISSEMENT

C'est volontairement que nous avons omis dans cet ouvrage des chapitres qui auraient pu s'intituler "le cheval qui dérobe à l'obstacle", "le cheval qui refuse de galoper sur un pied donné", "le cheval qui coupe les coins du manège", etc.

De tels problèmes relèvent de l'équitation pure. Ce livre n'est pas un traité d'équitation mais un recueil de conseils pour gérer le mieux possible un certain nombre de difficultés posées par des chevaux difficiles ou insuffisamment éduqués.

Nous ne saurions trop recommander de revenir toujours aux excellents ouvrages des auteurs classiques ou contemporains dont nous rappelons ci-dessous quelques titres :

François Baucher "Dictionnaire raisonné d'équitation"

Général Decarpentry "Équitation académique"

Général Faverot de Kerbrecht "Dressage méthodique du cheval de selle"

Michel Henriquet "Gymnase et dressage"

Nuno Oliveira "Réflexions sur l'Art équestre"

Jean d'Orgeix "L'équitation"

1ère partie

PROBLÈMES A L'ÉCURIE OU AU PRÉ

01 Il est agressif au **box**

Lorsque vous vous apprêtez à rentrer dans son box, le cheval devrait venir vers vous d'un air affable. Certains font tout le contraire : ils tournent le dos, ce qui équivaut à vous présenter leur postérieur et aussi leurs postérieurs. À moins qu'ils ne couchent les oreilles en menaçant de mordre.

Un cheval bien dressé se retourne vers le cavalier sur simple demande vocale.

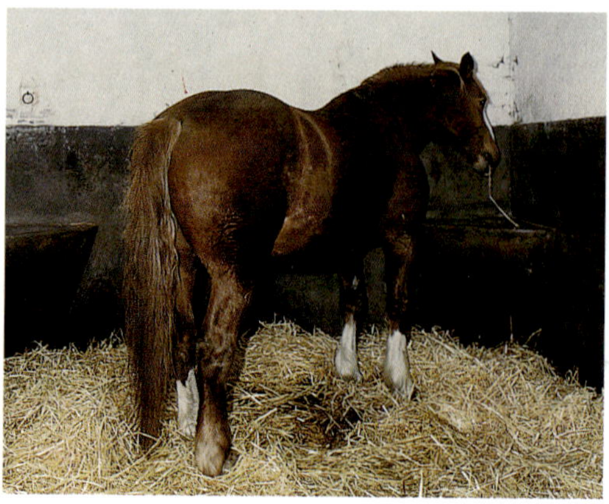

Beaucoup de chevaux se tournent ainsi dans le "mauvais sens" lorsqu'on s'apprête à rentrer chez eux. Ils ne sont pas forcément animés d'intentions agressives : ils sont méfiants, ou grognons, ou ils essayent simplement d'en imposer sans y croire vraiment. Il n'a pas envie de travailler, et fait grise mine au cavalier qui arrive avec selle et filet…

Une attitude agressive au box peut aussi provenir de la peur : le cheval a été malmené – récemment ou par le passé. Il n'est pas, ou plus, en relation harmonieuse avec l'homme. Les raisons seraient à rechercher dans sa vie de poulain ou dans son débourrage.

Plus simplement, un palefrenier maladroit ou brutal peut rendre n'importe quel cheval méfiant et méchant en quelques semaines.

IL FAUT DIFFÉRENCIER LE CHEVAL QUI "BLUFFE" DU CHEVAL RÉELLEMENT AGRESSIF :

Neuf fois sur dix, il s'agit d'une simple manœuvre d'intimidation. Alors à vous de ne pas vous laisser intimider ! Entrouvrez légèrement la porte du box, prenez une grosse voix tranquille et appelez le cheval. Il faut qu'il sente que vous n'avez pas peur - et vous n'avez pas lieu d'avoir peur puisque vous n'êtes pas encore dans le box. S'il se retourne de lui-même, c'est bon signe : il a abandonné

Un jeune cavalier, un cheval qui "bluffe"... mais soyons prudents...

ses menaces. S'il hésite, un morceau de pain qui craque bruyamment le fera fléchir.

S'il ne se retourne pas, soyez prudent : il risque effectivement de ruer si vous pénétrez dans son box à la légère. Observez attentivement sa physionomie : s'il a les oreilles couchées et le blanc de l'œil apparent, le danger est réel. Il n'est jamais infamant de se faire seconder par une personne plus habituée que vous ou que le cheval connaît mieux.

Le cheval vraiment agressif est très rare. C'est un animal traumatisé par de mauvais souvenirs, qui, même face à un professionnel, conserve une attitude de menace. Il doit être repris en main par des personnes de grande expérience, et seule la douceur alliée à la fermeté pourront en venir à bout.

PENSEZ-Y !

Les mauvais souvenirs peuvent être totalement associés à un lieu. Il arrive qu'un cheval hargneux soit "guéri" en quelques semaines lorsqu'on le change de club ou d'écurie. Ce n'est évidemment pas toujours possible, mais on peut essayer de le mettre dans un autre bâtiment, voire de lui installer un petit box préfabriqué. Le résultat peut en valoir la peine...

02

Il **mord** ou il **pince**

Il "pince ?" En clair, il mord ! Car elle est floue, la limite entre pincer (ce que nous avons tendance à excuser) et mordre (ce qui est franchement inadmissible).

S'il pince, c'est parce qu'on ne l'a pas empêché de le faire. C'est une lapalissade, mais pas si évidente qu'elle en a l'air. Voyons l'histoire – imaginée – d'un cheval pinceur. Lorsqu'il était tout poulain, son éleveur l'a laissé mordiller, content de voir qu'il s'apprivoisait bien, qu'il n'avait pas peur des humains et qu'on pouvait lui donner un sucre sans qu'il se sauve. Plus tard, on l'a peut-être débourré ou dressé "au sucre" pour pallier un certain manque de professionnalisme. Ensuite, on a été amusé de sa gourmandise, et son exigence croissante a été interprétée comme une preuve d'intelligence : "un vrai chien-chien" ! Il cherche même le sucre dans vos poches ! Bientôt, il s'énerve si cela ne vient pas assez vite. Et s'il y a d'autres chevaux alentour, il devient agressif, couche les oreilles, et pince par pure nervosité. Comme on ne l'a pas corrigé tout de suite, il continue. On en a un peu peur, et on lui donne vite du sucre pour qu'il se calme. Bel exemple de cercle vicieux !

Il y a par ailleurs les chevaux qui pincent quand on les sangle, parce que c'est leur manière d'exprimer l'agacement provoqué par le sanglage. Les juments, souvent lunatiques, mordillent parfois sans raison lorsqu'elles sont en chaleur. Quant aux mâles entiers, ils pincent violemment par instinct de domination ou instinct sexuel (l'étalon mord l'encolure de la jument pendant la saillie). Enfin, la présence d'autres chevaux exacerbe les comportements instinctifs et la jalousie, ce qui accentue la tendance à mordre.

D'après le petit schéma ci-dessus, on aura compris que tout cheval gâté peut, très rapidement, devenir un cheval qui pince - ou qui mord.

POUR NE PAS EN ARRIVER LÀ :

Commençons par ne pas abuser du sucre. Et surtout, ne jouons jamais à en cacher dans nos poches en laissant le cheval chercher : c'est là qu'il pince, d'abord par erreur, puis par impatience.

Remplacez le sucre par d'autres gâteries (pain sec, pommes, carottes.) meilleures pour la santé, et qui entraînent des réactions moins passionnelles.

Les récompenses – si importantes dans le dressage - ne sont pas obligatoirement gustatives! Une caresse (une caresse douce, pas une grande claque comme on le voit si souvent faire…) est parfaitement explicite. Le cheval comprend qu'il a bien fait. La récompense peut n'être donnée qu'en fin de travail, ou pour un exercice spécifique, nouveau.

Pas méchant… mais attention à l'escalade si le cheval devient trop gourmand !

Il est bon de ne donner la friandise qu'après l'avoir annoncée par un mot rituel ("tiens","voilà"…) Le cheval saura vite que tant qu'il pas entendu le mot, il n'a rien à attendre. Et ne fouillera pas dans vos poches.

Qu'il s'agisse de gourmandise, d'énervement au sanglage ou de tout autre comportement incontrôlé, le cheval qui a pincé doit toujours être corrigé. Donnez-lui une forte tape sur le chanfrein ou le bout du nez. Et ce immédiatement, sinon, il ne fera pas la relation de cause à effet.

PENSEZ-Y !

⇢ Évitez de distribuer des friandises au milieu d'autres chevaux (au pré notamment). Vous pourriez prendre un coup de tête qui ne vous est pas destiné.

03 Il ne veut **pas sortir du box**

Il arrive qu'on se trouve devant un cheval vissé au sol de ses quatre fers, levant la tête, refusant obstinément de faire un pas pour sortir de son box ou de son pré.

Il ne s'agit pas forcément d'un refus du travail (le cheval est souvent sorti du box pour d'autres raisons) mais d'un refus du mouvement - par manque de soumission.

Ne parlons pas du vieux routier qui ne veut pas suivre le cavalier novice qui le regarde et essaye de le "remorquer" : il suffit de ne pas le regarder et de faire preuve d'un peu de fermeté pour vaincre ce timide essai de résistance. Envisageons plutôt le cas du cheval qui "se bloque" par une forme de rétivité.

Les notions simples d'éthologie nous permettront de comprendre que rien ne sert de tirer : mieux vaut "pousser". En effet, le cheval vivant en liberté obéit aux sommations d'un élément dominant (étalon-chef ou vieille jument "leader") qui dirige les déplacements et donne les ordres de mouvement ou d'arrêt à l'ensemble du troupeau. À l'échelon individuel, lorsqu'un élément dominant du groupe veut faire avancer un "dominé", il ne se place jamais devant, mais le guide par l'arrière, encolure basse et oreilles couchées.

Il est donc nécessaire, pour obliger un cheval à avancer, de reproduire ce schéma.

EN PRATIQUE :

Si le cheval refuse de sortir : entrer soi-même dans le box, se placer un peu en arrière de lui (en restant à sa gauche) et le stimuler d'une tape de la main au niveau du flanc. Au besoin, on peut renforcer cet ordre par un attouchement de la badine sans frapper.

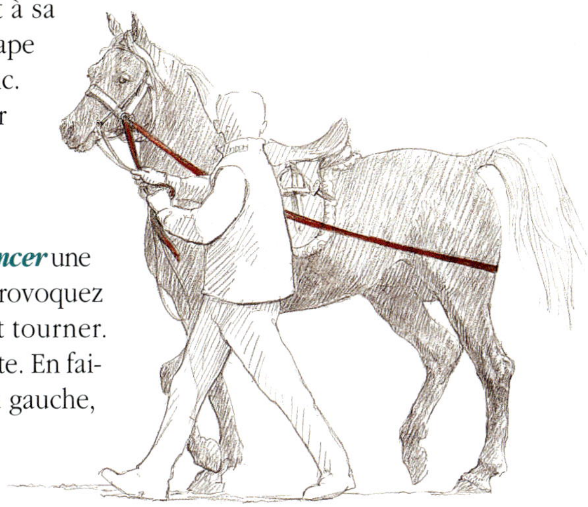

Si le cheval refuse d'avancer une fois sorti du box ou du pré, provoquez le mouvement en le faisant tourner. Faites-le toujours vers la droite. En faisant tourner le cheval vers la gauche, vous risquez d'être débordé par une crise de zèle et d'être bousculé.

Si le cheval se met à reculer, essayez la méthode suivante : fixez à l'anneau droit du licol ou du caveçon une longue plate-longe. Passez-la sous la croupe du cheval, au niveau des jarrets, repassez-la dans l'anneau gauche du licol et tenez-la dans votre main droite, vous-même étant comme d'habitude à gauche du cheval. La traction progressive sur cette longe "pousse" l'arrière main du cheval et reproduit le guidage arrière ancré dans ses gènes. Si vous récompensez et encouragez de la voix les premiers pas d'obéissance, le problème sera réglé assez rapidement.

La méthode peut être utilisée aussi avec une embouchure, mais l'effet sera plus violent.

PENSEZ-Y !

···› La longue gaule de dressage (environ 1,20 m) reste un précieux adjuvant de toutes les petites manœuvres quotidiennes. Un cheval dressé à la respecter sera facilement rappelé à l'ordre par un simple attouchement au niveau du flanc.

04

Il se **précipite**

Tous les cavaliers rencontrent un jour ou l'autre ce problème : le cheval se rue littéralement dans son box après le travail, au risque de se heurter la hanche à la porte ou de bousculer son cavalier.

L'écurie représente pour le cheval le lieu de sécurité, où il se trouve à l'abri des "prédateurs" qui hantent sa mémoire. C'est à l'écurie que le cheval se laisse aller à dormir entièrement à plat, signe de réelle confiance. On dit que certains chevaux refusent de sortir de leur écurie en flammes. Sous l'effet de la peur, le havre de paix, la sécurité, c'est l'écurie ! Même si elle brûle.

Plus prosaïquement, le cheval trouve dans son box ou sa stalle le repos, et surtout le picotin. Rien de plus logique que de s'y précipiter avec entrain. Toutefois, le cas qui nous occupe n'est pas tant celui d'un joyeux gourmand, mais plutôt celui d'un cheval qui se rue anormalement dans son box. Il est très probable qu'il s'agit d'un cheval qui s'est blessé une fois en rentrant au box, et qui effectue la manœuvre au plus vite de peur de se refaire mal. Dans ce cas, il est fréquent que le cheval se précipite également pour sortir du box, cet enthousiasme montrant bien que c'est le passage qui lui fait peur.

AVEC UN CHEVAL SIMPLEMENT GOURMAND ET "MAL ÉLEVÉ" :

On l'a laissé faire n'importe quoi ; il suffit donc d'un peu de fermeté associée à une voix calmante :

Faire une volte devant le box : cela oblige le cheval à se calmer et

dans son box

cela le met dans l'axe

Ne pas hésiter à lui donner une tape sur le chanfrein s'il se montre trop impatient.

Pendant quelque temps, ne pas servir la ration avant que le cheval soit rentré ; elle sera donnée après.

Ne pas hésiter à utiliser le "pilotage" aux longues rênes, efficace, pour obtenir l'obéissance en rentrant dans le box. Mettre les longues rênes spécialement et effectuer le passage 6 fois de suite en récompensant lorsque le calme est obtenu.

AVEC UN CHEVAL QUI A EU UN ACCIDENT ET SE RUE PAR PEUR :

La rééducation d'un réflexe acquis par le cheval à la suite d'une peur est toujours assez longue (parfois trois mois ou davantage). Mais il ne faut pas s'avouer vaincu.

Mettre (ou remettre) au cheval son filet pour rentrer au box : on a un meilleur contrôle qu'avec un licol. Toutefois, restez extrêmement doux avec les rênes, car toute douleur sur la bouche ne ferait que confirmer le cheval dans l'idée que cette porte est vraiment dangereuse.

Placer le cheval bien en face et le retenir en le caressant et en lui parlant. Il faut savoir que le cheval, même s'il avance tout doucement sous votre contrôle, se précipitera à la dernière seconde, au moment de franchir la porte. Il s'agit donc de rallonger ce délai et d'obtenir petit à petit qu'il passe calmement. N'oubliez pas les friandises qui associent ce passage avec une notion agréable et aideront à effacer le mauvais souvenir.

Employer exactement la même méthode si le cheval se rue en sortant du box.

PENSEZ-Y !

···> Une porte de box doit être assez large : au moins 1,20 m

···> Autrefois, il était fréquent de voir dans les écuries un rouleau de bois sur le bord des stalles. Ce vieux moyen n'empêche pas le cheval de se ruer à l'écurie, mais limite les conséquences d'un éventuel choc en évitant la classique fracture de la hanche (hanche coulée). Vous pouvez réinterpréter le système avec un gros bourrelet de mousse fixé à la porte du box, à hauteur de la hanche d'un cheval.

05

Il est difficile à

Si vous avez affaire à un vieux routier qui a plus d'un tour dans son sac, vous risquez de passer beaucoup de temps dans le pré, et d'en ressortir. sans le cheval ! Celui-ci n'a aucune envie de renoncer à sa liberté et d'interrompre son déjeuner d'herbe tendre. Et pour faire quoi ? Pour aller travailler !

Evidemment, dès que vous vous approchez, le cheval s'éloigne et se re-éloigne. Si vous courez derrière, vous aggravez la situation car vous réveillez son instinct de fuite. De plus vous transformez ses simagrées en un jeu véritable - que vous êtes sûr de perdre. Il est souhaitable que le cheval ait été habitué - si possible très jeune - à venir quand on l'appelle. C'est d'ailleurs une chose qu'il peut acquérir par la suite, si vous vous employez à le mettre en confiance ; pour cela, il faut lui faire de fréquentes visites "désintéressées", en lui apportant de la nourriture et sans lui mettre de licol. Puis, vous le rentrerez à l'écurie où il trouvera un picotin, sans le monter après (du moins pas immédiatement). Peu à peu, le cheval associera le fait d'être attrapé à des choses positives et non négatives.

attraper au pré

Il est préférable d'être deux pour coincer le cheval dans un angle...

CE QUI EST INUTILE :

Chercher à attraper le cheval par la queue : c'est illusoire, et dangereux.

Le retenir de force par l'encolure : physiquement, c'est lui le plus fort.

Crier ou essayer de coincer le cheval dans un coin : il peut "forcer" le passage et vous renverser.

CE QUI EST PRÉFÉRABLE :

Être toujours dans le champ visuel du cheval, même à grande distance.

Il est difficile à

Si le cheval se laisse approcher : se faire accompagner par un aide qui tiendra le licol derrière son dos. Prendre un seau de granulés, que vous agiterez bruyamment. La tentation fera (peut-être) s'approcher le coquin. Laissez-le manger un peu. Parlez-lui et caressez-lui l'encolure.

Pendant ce temps, votre aide s'approche sur le côté, dans le calme. Continuez à caresser le cheval et attrapez doucement son toupet. À ce moment l'aide passera le licol autour de l'encolure et le bouclera. Il ne doit pas chercher à l'enfiler vraiment, car alors il faudrait que le cheval sorte le nez du seau et il ferait un écart vers

Rien ne sert de courir...

la liberté. Le plus sage est de ramener le cheval avec le licol "en collier", ou bien d'ajouter un deuxième licol (normalement enfilé cette fois) sans déboucler le premier.

Si le cheval ne se laisse pas approcher : il faut être au moins trois et essayer calmement de le faire aller dans un coin du pré, en faisant des cercles concentriques pour le rabattre, mais sans le faire courir. Deux cavaliers peuvent tenir une corde tendue barrant l'angle du pré où est réfugié le cheval, pendant que vous irez vers lui. Il capitulera peut-être devant ce barrage "psychologique". Ou bien il cherchera à le forcer, et dans ce cas il faudra lâcher la corde immédiatement pour éviter tout accident.

Selon le même principe, vous pouvez aussi délimiter un coin du pré à l'aide d'une clôture électrique mobile que vous refermerez une fois le fuyard entré dans la "souricière".

PENSEZ-Y !

On dit souvent que le cheval difficile à attraper devrait garder un licol sur lui en permanence. Cette méthode est à déconseiller, car elle comporte toujours un certain risque : le cheval peut se prendre un postérieur dans le licol en se grattant, ou accrocher son licol dans une branche basse. Il est préférable d'habituer le cheval à venir de lui-même chercher des friandises, et en attendant que cette relation soit établie, de le laisser dans un petit paddock avec un congénère facile à attraper.

06

Il “**tire** au renard”

Le cheval attaché se met soudain à tirer sur sa longe de toutes ses forces. Si on n'intervient pas, il continue à tirer de plus en plus fort, au risque de casser le licol, voire de desceller l'anneau. Alors brusquement libéré, il peut se renverser en arrière et se briser les vertèbres cervicales. En outre, le cheval, qui représente une masse de cinq cents kilos brutalement propulsée vers l'arrière, constitue un danger considérable pour un cavalier qui se trouverait derrière lui à ce moment-là.

Certains chevaux tirent au renard sans aucune raison apparente : ce sont de véritables spécialistes de ce vice. D'autres ne le font qu'exceptionnellement.

Le cheval “tire au renard” sous l'effet d'une peur ou d'une surprise. Un bruit, une ombre suffisent à déclencher le phénomène.

C'est dans la nature profonde du cheval de tirer sur ce qui résiste. C'est encore une forme de fuite : si le “danger” vient de l'arrière, le cheval fuit en avant. S'il se sent “pris” par l'avant, il tire violemment vers l'arrière. C'est le réflexe d'opposition propre à tous les équidés. Paisiblement attaché dans la cour du club, le cheval surpris ou effrayé va reculer ou lever la tête. Le licol va bloquer son mouvement, et la combinaison entre la peur et l'impression d'être “pris” va créer la panique.

DANS L'IMMÉDIAT :

La traction vers l'arrière doit être immédiatement enrayée. Vos réflexes doivent être instantanés : criez, lancez un objet (brosse, cravache, caillou.) sur la croupe, tapez sur l'arrière-main du cheval avec une cravache – en ne vous mettant surtout pas derrière, même à distance. Quelle que soit l'urgence, restez - et faites rester les autres - sur le côté.

IMPORTANT :

Si le licol ou le point d'attache cède, le cheval peut reculer violemment de plusieurs mètres, et éventuellement rebondir vers l'avant.

Lorsqu'un cheval tire au renard, ne vous mettez jamais derrière ou devant et empêchez quiconque de le faire.

À TITRE PRÉVENTIF :

Les chevaux ne tirent pas au renard si on les attache à un support flexible. En extérieur, choisissez une petite branche souple et solide : si le cheval bouge, elle suit le mouvement et cela ne déclenche pas le réflexe d'opposition. Dans le même esprit, la longe élastique est excellente, mais il est préférable qu'il y ait un mur derrière le cheval pour limiter ses mouvements de recul.

Toujours pour éviter le réflexe d'opposition, l'utilisation d'un billot faisant contrepoids

PENSEZ-Y !

···› Bien entendu, n'attachez jamais le cheval par les rênes : il se couperait la langue avec le mors s'il tirait.

Il “**tire** au renard”

Le nœud d’attache, facile à défaire... tant que le cheval ne l’a pas trop serré...

et permettant à la longe de coulisser dans l’anneau limite le risque, mais ne le supprime pas. En effet, si le cheval en tirant arrive à être à bout de longe, le réflexe d’opposition s’exprimera immédiatement.

Pour dissuader le cheval de tirer au renard, on conseille parfois un moyen mécanique : attacher la longe sous le ventre à un surfaix, la passer entre les antérieurs, puis dans l’anneau du licol. En amorçant son mouvement, le cheval ne sent pas de point fixe ni de traction sur la nuque. Mais ce genre de dispositif n’est pas dénué de risques, et devrait être réservé aux cavaliers très expérimentés ou professionnels.

On préconise toujours d’attacher le cheval avec un nœud “de sécurité”, qui théoriquement, peut se défaire d’un geste. Pratiquement, si le cheval a serré le nœud, il sera impossible à défaire, surtout en situation critique. Quant au mousqueton de sécurité, il est délicat - et dangereux - de l’actionner en situation, à cause du risque de voir le cheval libéré trop brusquement se jeter vers l’arrière - ou vers l’avant.

Attacher le cheval à une branche flexible est une bonne solution, qui supprime le réflexe d'opposition. Choisissez quand même une branche assez solide !

Si vous n'êtes pas sûr de la solidité de votre matériel et de votre anneau d'attache (et en principe, rien ne résiste à la force d'un cheval) optez pour la fragilité ! Attachez le cheval par l'intermédiaire d'une ficelle de lieuse passée dans l'anneau. À la moindre traction violente, la ficelle cassera, et le cheval sera libéré sans trop de heurt, et sans risque de se renverser.

À TITRE CURATIF :

Il faudrait persuader le cheval de l'inutilité de la manœuvre. Pour cela, seule une attache à toute épreuve pourrait être éducative, à très long terme ! Or, nous avons vu que l'attache indestructible n'existe en principe pas…

PENSEZ-Y !

- **En randonnée, n'attachez jamais un cheval à quelque chose qui pourrait se renverser, rouler, coulisser ou basculer. Gardez en mémoire qu'un cheval peut toujours tirer au renard…**

- **En situation inhabituelle, un cheval doit être surveillé ! Essayez d'anticiper tout ce qui pourrait le surprendre ou l'effrayer…**

07

Il est difficile au **pansage**

Le cheval a de bonnes raisons d'être impatient lors du pansage : être attaché, subir le contact parfois intempestif de l'étrille sur les côtes, se faire tirer les crins, devoir lever un pied et se tenir en équilibre sur les trois autres, se faire mouiller les yeux à l'eau froide.

Les pur-sang (à la peau fine et sensible) les juments (parfois très chatouilleuses), les jeunes chevaux (encore inquiets d'un rien) peuvent mal réagir au pansage. Plus embêtants sont les chevaux qui ne supportent pas l'attache : ils associent cette situation au fait d'être immobilisés et risquent de "tirer au renard".

Il y aussi des chevaux qui gardent mauvais souvenir d'un pansage trop brusque, voire douloureux (il a des zones très sensibles : tête, garrot, côtes) où il ne faut pas passer l'étrille. Enfin, il y a les chevaux de naturel hargneux ou insuffisamment "domestiqués" : ils essayent de mordre, de ruer, voire de coincer le soigneur contre le mur.

Enfin, il y a des chevaux sages au pansage mais qui ne supportent tout simplement pas qu'on touche leurs crins. Ce sont souvent des chevaux qui ont une très vive sensibilité et ne peuvent tolérer l'arrachage des crins.

Parler, caresser, dialoguer... le pansage devrait être un moment de complicité et de respect mutuel.

Le cas du cheval hargneux relève du dressage : ce cheval doit être énergiquement pris en main.

Le cheval peureux, lui, doit être "civilisé" : ne le punissez pas, ne le surprenez jamais. Approchez-vous doucement ; n'appliquez pas la brosse brusquement sur son dos :

S'il faut absolument mouiller la nuque, pensez à adoucir le jet et à éviter les oreilles...

posez d'abord votre main, et caressez-le en lui parlant. S'il manifeste de l'inquiétude aux bruits ou aux choses inconnues soyez très patient, rassurez-le, parlez-lui encore et toujours.

Méfiez-vous du tirage au renard.

Le cheval simplement joueur et coquin doit être corrigé sans brusquerie d'une tape sur le chanfrein.

Mais il y a des chevaux réellement sensibles : n'utilisez pas l'étrille avec eux, et adaptez la vigueur de votre pansage à la finesse de leur peau. En revanche, ceux qui sont chatouilleux s'accommodent mieux d'une pression régulière et assez forte de la brosse que d'un effleurement timide qui chatouille encore plus !

Pour les chevaux rebelles au toilettage, il vaut mieux renoncer à alléger leur crinière au peigne. On peut obtenir aux ciseaux un résultat certes peu traditionnel mais aujourd'hui couramment admis dans les concours du plus haut niveau.

Pour les cas vraiment rebelles, il faudrait avoir recours aux divers moyens de contention, mais n'est-il pas préférable alors de laisser le cheval à tous crins ?

PENSEZ-Y !

Les chevaux qui n'aiment pas la douche complète ont souvent peur d'avoir de l'eau dans les oreilles. Tenez-en compte !

N'attachez jamais un cheval pendant la douche.

Les vieux palefreniers sifflaient toujours en effectuant le pansage. Aujourd'hui, ce n'est plus à la mode. Et pourtant, quel effet bénéfique sur un cheval nerveux et chatouilleux.

08

Il ne **donne pas ses pieds**

Perte de temps et contrariété quotidienne : le cheval qui ne donne pas ses pieds doit être éduqué ou rééduqué. Mais bien souvent, le geste juste et un peu d'autorité suffisent...

Certains chevaux ne donnent pas leurs pieds postérieurs parce qu'ils ont des douleurs dans le jarret. Bien souvent, c'est tout simplement parce qu'on tient le pied trop haut, et cette position un peu forcée occasionne une crampe.

Il y a des chevaux qui refusent systématiquement de donner un de leurs pieds : peut-être y a-t-il une douleur. ou un mauvais souvenir.

Mais dans la majorité des cas, le cheval qui ne donne pas ses pieds est simplement mal dressé ou bien on lui fait si rarement les pieds qu'il n'en a pas l'habitude ! Un cheval bien élevé et régulièrement pansé donne son pied sur simple demande de son cavalier.

La technique de base est connue de tous : poser toujours la main d'abord sur l'épaule (pour

La courroie trousse-pied : un bon vieux moyen, à la fois éducatif et palliatif, pour maintenir un membre postérieur sans effort.

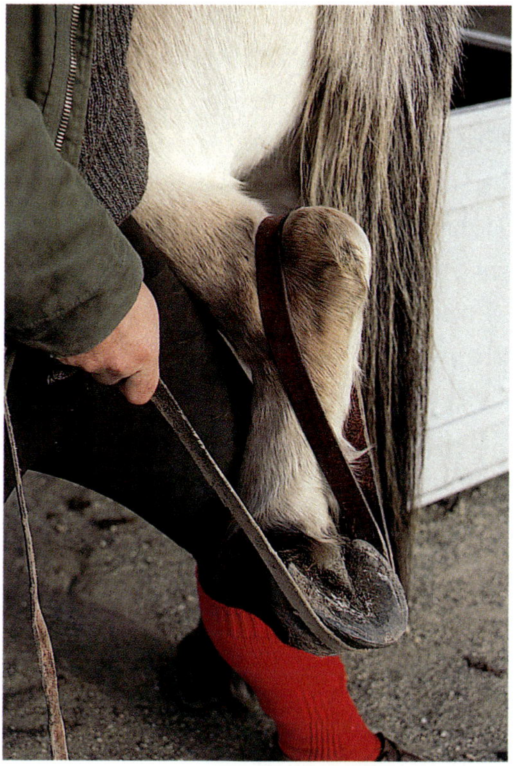

un antérieur) ou sur la croupe (pour un postérieur) et "descendre" progressivement la main en passant par le genou (ou le jarret) jusqu'au canon. Tapoter l'arrière du canon en disant "donne" d'une voix ferme. S'il n'y a pas de résultat :

Saisissez une touffe de poils du fanon (si le cheval en a) et tirez vers le haut.

Pincez le tendon à l'arrière. Par réflexe, le cheval lève le pied.

Si le cheval "fait le lourd" sur le sol, tournez-lui la tête (à l'aide du licol ou avec une main sur le chanfrein) dans la direction opposée à celle du pied que vous voulez lever : le poids refluera sur le pied qui peut rester à terre. Même procédé pour les postérieurs : n'hésitez pas à pousser un peu la croupe pour alléger le côté où vous voulez qu'il donne son pied.

PENSEZ-Y !

→ Essayez toujours d'éviter que le cheval ne repose le pied à terre, car s'il sait qu'il peut se dégager, cela tournera vite au jeu et il deviendra difficile ensuite de lui prendre les pieds.

09 Il est difficile à **brider**

Vice ou jeu, peur ou inexpérience ; l'action simple de mettre un filet ou une bride peut s'avérer complexe si le cheval a décidé de ne pas se laisser faire. Pour peu que l'on s'y prenne mal, le pli sera vite donné et la lutte peut être durable.

Inutile d'insister lorsque le jeu a commencé : grondez le cheval d'une voix forte pour rétablir immédiatement votre autorité.

Le cheval qui ne veut pas se laisser brider (ou bridonner, ce qui est le plus fréquent) a plus d'un tour dans son sac.

Soit :
- le cheval s'amuse bien en retardant le moment d'aller travailler
- le cheval n'a pas l'habitude (jeune cheval)
- le cheval a peur à la suite d'un mauvais souvenir (incident ou accident au bridage, brutalités et maladresses…)
- le cheval a mal (plaie dans la bouche, surdents.).

Il peut s'agir d'un problème de bouche, mais aussi d'un problème d'oreilles ou de tête (cheval chatouilleux, ancien accident au niveau de la nuque, par exemple lors d'un embarquement en camion.)

LA QUESTION EST À ABORDER DIFFÉREMMENT SELON LES CAS :

S'il s'agit de caprices et de manœuvres d'intimidation : le problème est réglé en un peu moins de trois secondes par un professionnel. Procédez de la même façon : détermination, calme et fermeté. Inutile d'appuyer le mors sur des incisives verrouillées, passez simplement un doigt dans la commissure des lèvres (aucun risque de morsure, il n'y a pas de dents à ce niveau) et poussez doucement le mors en place. Passez très vite la têtière. C'est gagné.

S'il s'agit d'un vice ou d'une peur réelle : le cheval doit être progressivement rééduqué. Ne corrigez pas. Procédez de façon méthodique :

Retirez complètement la muserolle : cela sera toujours cela de moins pour compliquer les choses. Si elle est indispensable (muserolle allemande ou croisée) vous la mettrez après, quitte à la passer par-dessus la têtière (non orthodoxe, mais identique sur le plan fonctionnel).

Retirez les rênes.

Mettez au cheval un licol en simple collier. Faites tenir le cheval par un aide. À défaut, attachez le cheval à un anneau ou un barreau du box, mais il risque de tirer au renard. Un aide est donc préférable. Il maintiendra le chanfrein.

Débouclez le montant gauche.

Préparez du sucre.

Passez la têtière.

Présentez l'embouchure, parlez au cheval, et faites-lui ouvrir doucement la bouche avec un doigt à la commissure

Éventuellement donnez un sucre en même temps pour inciter le cheval à ouvrir la bouche.

Dès que le mors est dans la bouche, bouclez le montant gauche

Caressez et rassurez le cheval et redonnez du sucre pour créer une association positive.

Vous fixerez ensuite les rênes, la muserolle si nécessaire et l'éventuelle gourmette.

Cette méthode est valable pour un bridon avec une seule embouchure. Pour une bride complète, la rééducation passe par la mise d'une simple embouchure d'abord jusqu'à ce que le cheval s'habitue quelque peu.

Pour le cheval difficile à débrider : procédez selon les mêmes principes, en ayant soin de défaire là aussi le montant gauche.

PENSEZ-Y !

··· Enrober le mors de miel peut aider à rendre son contact attrayant. En tous cas, un mors glacé en plein hiver est pénible ; passez-le sous l'eau chaude avant de brider.

··· Habituer un tout jeune poulain à être "grattouillé" derrière les oreilles reproduit un comportement de toilettage mutuel qu'effectuent les jeunes chevaux entre eux. C'est un précieux acquis pour le moment du premier bridage. Si cela n'a pas été fait pendant les premiers mois du foal, il n'est jamais trop tard pour bien faire et ce "déchatouillage" au niveau de la nuque peut éviter bien des difficultés.

10 Il se **selle mal**

En hippologie, on considère comme une qualité qu'un cheval "se selle loin". En effet, quand la selle se place naturellement assez en arrière, cela signifie que le garrot est bien sorti, que l'épaule est développée, que le cheval a donc sans doute de bonnes allures. Accessoirement, cela permet en général à la selle d'être bien positionnée. Mais avec certains chevaux, le sellage s'avère problématique.

Le cheval le plus facile à seller du point de vue de sa morphologie est le cheval de selle. En revanche :

De nombreux poneys de type trait ou de type primitif posent des problèmes de sellage. Les poneys de montagne ont souvent un garrot peu sorti ; ceci correspond à une attache très basse des vertèbres cervicales qui permet un abaissement du centre de gravité. De tels poneys ont en outre un dos large et rond qui ne favorise pas le positionnement correct de la selle.

À l'inverse, certains chevaux de selle ont un garrot très haut et tranchant, qui entraîne un risque de plaies de harnachement. Celles-ci sont d'autant plus fréquentes et graves qu'à ce niveau, la peau est appliquée directement sur l'extrémité des apophyses épineuses de la colonne vertébrale. Il n'existe à ce niveau qu'une fine lame de tissu conjonctif et quelques bourses séreuses, mais pas de matelassure musculaire.

Un cheval trop gras se selle presque toujours mal, avec un risque de pincer la peau au niveau de la sangle (ce qui peut provoquer des blessures) et un manque de stabilité de la selle.

Les chevaux faits en descendant ou exagérément en montant créent eux aussi des difficultés de sellage.

LES DIFFÉRENTS PROBLÈMES :

Avec des chevaux ou poneys "faits en brouette" (en descendant) et surtout si le garrot est plat : la selle avance. Il faut utiliser une croupière, attachée à un solide anneau fixé au troussequin de la selle.

La selle a glissé vers l'avant : une situation potentiellement dangereuse, qui peut être évitée par l'usage d'une croupière.

Avec un cheval "fait en girafe" (en montant) : la selle recule. Le collier de chasse ou la bricole aide la selle à rester à sa place.

Avec un cheval au garrot très prononcé : utiliser un gros tapis et le dégarroter rigoureusement. Au besoin, ajouter un pad en mouton à l'emplacement même du garrot. Au moindre début de blessure, utiliser un tapis dans lequel est pratiquée une "fontaine" (ouverture laissant le garrot libre).

Avec un cheval au dos court : attention aux blessures au niveau du rein. Renoncer à l'emploi des vieilles selles d'armes à patins arrière.

Avec un cheval au dos sensible ("dos froid") : poser la selle délicatement, utiliser systématiquement un amortisseur.

Pour les selles d'amazone : si un cheval est rond, la selle peut tourner côté jambes. La balancine doit être très ajustée. La balancine "en Y" fixée au niveau du quartier droit peut s'avérer insuffisante ; il faut la faire remplacer par une balancine fixée en arrière du siège du côté droit. On peut aussi tricher au niveau de la matelassure, en faisant rajouter du rembourrage du côté gauche pour surélever ce côté.

PENSEZ-Y !

··· Les cascadeurs qui font de la voltige en ligne droite nécessitent une excellente fixité de la selle en toutes circonstances, notamment lorsque tout le poids est reporté sur le côté au cours des figures. Ils utilisent donc trois sangles, et un collier de chasse.

Il est difficile au **sanglage**

Le sanglage pose divers problèmes : mal supporté par certains chevaux, il est source de difficultés, voire de danger au box. Bien sangler s'avère également problématique lorsque le cheval "se gonfle" exagérément.

Vous trouvez votre cheval "plus gros" que la dernière fois que vous l'avez sellé ? Peut-être a-t-il fait un petit séjour au pré, ce qui lui a fait prendre du ventre du fait de la consommation d'herbe verte, pleine d'eau.

Hormis ce cas de "gonflette" purement physique, il existe chez tous les chevaux, quel que soit leur régime alimentaire, un phénomène plus ou moins accentué de dilatation au moment du sanglage : on dit que le cheval "se gonfle".

Il s'agit d'un réflexe musculaire absolument normal, déclenché par le contact de la sangle et même, sans doute, par le simple poids de la selle sur le dos. Par une réaction instinctive dont il n'a pas conscience, le cheval dilate sa cage thoracique. Chez la majorité des chevaux, le simple fait de boucler la sangle atténue ce réflexe - exactement comme pour nous, lorsque après avoir serré une ceinture avec une impression un peu désagréable, nous l'oublions l'instant d'après.

Attention : premier stade avant la morsure ! Maintenez une relation de respect.

Chez les chevaux qui se gonflent beaucoup, le réflexe est plus important, et se double parfois d'une action consciente, volontaire : c'est alors une défense contre le désagrément du sanglage. En effet, certains équitants se montrent brusques à ce moment-là : selle violemment posée sur le dos, sangle qu'on laisse tomber et qui vient heurter douloureusement les antérieurs du cheval. Bref, l'opération sellage-sanglage laisse parfois de mauvais souvenirs au cheval. Qui a donc de bonnes raisons de se crisper à l'arrivée de la selle. C'est ce qui contribue au réflexe de "gonflage" assorti parfois d'un peu de mauvaise volonté !

De très nombreux chevaux mordent au moment du sanglage en se retournant brusquement vers le cavalier qui les sangle.

Pas d'affolement : c'est normal !

SUR UN PLAN PRATIQUE :

On doit sangler très progressivement. Encore faut-il joindre les deux bouts. S'il manque quelques centimètres, voici un truc. Donnez un petit coup de genou, léger mais brusque (il ne s'agit pas de faire mal mais de surprendre) dans les côtes du cheval, juste derrière le passage de sangle. Cela vous permettra d'accrocher la sangle au plus bas, et dès lors, vous pourrez continuer à sangler. Légèrement. Bien sûr, avant de vous mettre en selle, vous ressanglerez à nouveau, puis une fois encore après avoir fait quelques pas.

Si le cheval a tendance à mordre : il a des excuses si le sanglage n'a pas été assez doux. Soyez plus progressif. Il arrive que le cheval ait contracté la manie de mordre lors de sanglages trop brusques : repoussez-le fermement et tendez légèrement la rêne du côté opposé.

PENSEZ-Y !

⇢ Les selles à sanglage bas ne permettent pas de ressangler à cheval : prenez une marge de sécurité pour laisser au cheval le temps de se dégonfler.

⇢ La sangle élastique permet un sanglage efficace sans effort et mieux accepté par le cheval.

⇢ En attelage, la sellette n'a pas besoin d'être fixée aussi fort qu'une selle. Inutile donc de sangler à fond !

12

Il est difficile à **embarquer**

Voilà un problème fréquent, aussi pénible pour le cavalier que pour le cheval, parfois dangereux.

Inutile de chercher des explications psychologiques complexes : il est logique qu'un cheval qui n'en a pas l'habitude refuse de rentrer dans un étroit réduit sombre, en empruntant un pont sonore et parfois instable. Quant aux autres chevaux, c'est sans doute parce qu'ils en ont l'habitude qu'ils savent que le van peut être synonyme de déboires : trajets pénibles (chaleur ou froid, déséquilibres dûs à une conduite au frein ou des virages pris trop vite), violences à l'embarquement.

Signalons toutefois que la vision du cheval s'adapte moins vite à la pénombre que la nôtre : en entrant dans un van, il a l'impression d'être dans le noir pendant plusieurs secondes.

Dans le problème des embarquements, la prévention pourrait éviter aux cavaliers et aux chevaux bien des déboires et beaucoup d'adrénaline inutile. Quel éleveur peut ou veut s'astreindre à embarquer régulièrement et "pour rien" ses foals derrière leur mère dans un petit van de poulinière suitée? Ce serait pourtant un énorme acquis pour l'avenir de ses produits. Quel cavalier a la patience d'habituer son jeune cheval à monter en van dans le calme, en dehors de tout concours?

En pratique, les choses n'étant pas ainsi, de très nombreux chevaux refusent d'embarquer un jour ou l'autre, et parfois de manière imprévisible.

POUR METTRE TOUTES LES CHANCES DE NOTRE CÔTÉ, COMMENÇONS PAR :

Être en avance. La majeure partie des embarquements laborieux sont dûs à l'angoisse qui se dégage du cavalier qui va être en retard à un

concours et redoute les difficultés d'embarquement. Une grosse marge de sécurité horaire permet généralement de réussir l'embarquement du premier coup. Le cheval passera alors une heure de plus dans le van, ce qui ne lui fera aucun mal, contrairement au stress et aux violences de dernière minute.

La dérobade latérale est la situation la plus fréquente... et la plus facile à éviter par un bon positionnement du van et des aides.

Placer le van de manière à éviter les dérobades latérales : contre un mur d'un côté, ou mieux entre deux murs ou deux haies denses. Ne pas placer le van à contre-jour : l'intérieur paraîtrait totalement noir.

Penser à agrandir l'espace en poussant le bat-flanc central si le cheval monte en premier.

Pailler abondamment le pont (c'est souvent le bruit qui effraie). Si nécessaire, caler le pont avec une bûche pour qu'il soit bien stable.

Préparer tout le matériel : munir les côtés du van de deux longes, qui ne serviront sans doute pas, mais qu'il sera préférable d'avoir sous la main en cas de besoin, plutôt que d'accentuer la tension en courant les chercher. Préparez aussi une chambrière ou une cravache d'épaule, ainsi que le seau de granulés.

Se servir d'un caveçon plutôt que d'un licol, d'une longe de travail plutôt que d'une pe-

PENSEZ-Y !

- **Certains auteurs affirment l'effet souverain du barnum. Mais la violence de ce système n'est pas prometteuse de succès pour les embarquements suivants !**

- **Si le pont du van est en descente, les chevaux embarquent comme par enchantement. Mettre à profit une butte (ou en construire une chez soi) peut valoir la peine...**

tite longe. Le caveçon permet une meilleure contention, la plate-longe permet de contrôler les choses de plus loin.

Laisser le cheval semi à jeun (renforce la tentation du seau de granulés). La suite du repas sera dégustée au calme dans le van. Ne craignez pas que ce petit décalage horaire entraîne coliques ou contre-performances : que devrait-on dire des risques que présentent le stress et la fatigue d'une longue lutte ?

Si le cheval est réputé difficile, prévoir trois personnes. autres que des badauds de bonne volonté qui ne feraient que perturber le cheval en ajoutant à l'atmosphère dramatique.

AU MOMENT D'EMBARQUER :

Présentez le cheval calmement, parfaitement dans l'axe du pont.

S'il hésite, posez un antérieur sur le pont, et tournez-lui la tête dans la direction de cet antérieur, pour que le poids reflue de ce côté, permettant à l'autre antérieur de se lever sur votre demande pour avancer.

Laissez-lui le temps de flairer et ne brusquez rien.

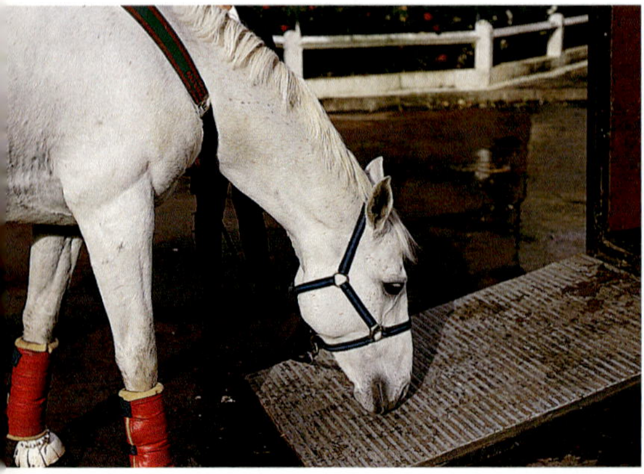

Présentez le seau. S'il y a un mouvement vers l'avant, encouragez. Poussez un peu avec la badine, sans taper.

Curieusement, un simple balai d'écurie brandi verticalement derrière le cheval est d'une efficacité surprenante !

Un dernier encouragement vocal, et c'est peut être gagné. Dans ce cas, votre aide bloque aussitôt la barre arrière ; vous attachez ensuite le cheval. Attention : il peut reculer à la dernière seconde ! Rien n'est acquis tant que la barre de recul n'est pas bouclée et le cheval attaché.

SI LES CHOSES SE PASSENT MAL :

N'hésitez pas à recourir sans plus attendre au système des longes croisées : ne laissez pas la situation se dégrader davantage.

Vos aides se placent de chaque côté du van, les longes sont croisées derrière la croupe du cheval. Vous présentez le cheval normalement, et les aides tirent sur les longes, ce qui "pousse" le cheval vers l'avant.

Vous pouvez aussi cacher les yeux du cheval avec une veste posée sur sa tête et le faire tourner en rond pour le dérouter. Il arrive que le stratagème marche.

Enfin, le tord-nez se révèle parfois salvateur pour embarquer facilement (mais oui !) un cheval qui s'y refusait...

IMPORTANT :

Dans un van archaïque sans barre arrière, ne vous mettez jamais derrière pour fermer le pont.

N'attachez jamais le cheval avant d'avoir bouclé la barre de recul. De même pour débarquer, ne jamais enlever la barre tant que le cheval n'est pas détaché.

PENSEZ-Y !

- **Il existe maintenant des vans sans pont, nettement plus avenants. Et aussi des vans éclairés de l'intérieur.**

- **Les chevaux d'attelage embarquent parfois très facilement avec leur bride munie d'œillères, amenés directement aux longues rênes. Rien n'empêche d'en faire autant avec n'importe quel cheval habitué aux longues rênes. Les œillères sont facultatives mais peuvent aider à ne pas fuir latéralement. Elles peuvent aussi constituer une difficulté si le cheval ne voit pas les bords du pont.**

- **Le chifnez aide parfois à mettre aux ordres un cheval qui embarque mal par énervement et indiscipline plus que par peur.**

13 Il est difficile à **débarquer**

On parle toujours des difficultés pour embarquer un cheval, presque jamais des difficultés pour le débarquer. Elles laissent parfois désemparés les cavaliers les plus chevronnés.

En toute logique, le cheval n'aime pas entrer dans un réduit obscur où l'attendent les désagréments d'un transport chaotique. En toute logique, il devrait être ravi d'en sortir.

Ce n'est pourtant pas toujours le cas.

On peut admettre que le cheval n'a aucune raison d'avoir peur de rejoindre l'extérieur, éclairé, prometteur de repos. Ce qui lui fait peur est donc le moment du débarquement en lui-même, qui peut être associé dans son esprit à un heurt, une chute, une brutalité. Bien des chevaux se cognent la tête en sortant du van, lorsque la barre de recul est enlevée trop tôt. Le cheval encore attaché croit qu'il faut descendre, recule brusquement, bute sur la longe, et en levant la tête se cogne. Il y a aussi beaucoup de chevaux qui se scalpent le paturon sur le côté du pont s'ils n'ont pas reculé droit.

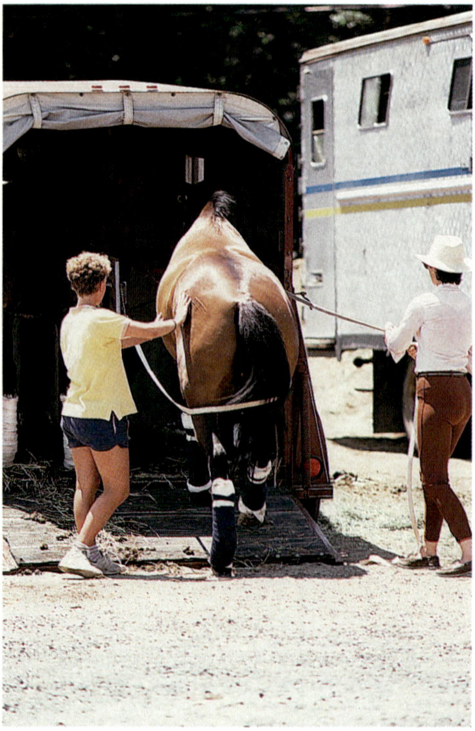

À NE PAS FAIRE :

Un truc de maquignon consiste à attacher une forte corde à la queue du cheval et à tirer froidement, au besoin à plusieurs. Cette méthode est inefficace et aboutit plutôt à l'effet inverse : le cheval sentant une résistance vers l'arrière ira vers l'avant.

Les longes croisées peuvent aussi ralentir le zèle d'un cheval qui se précipite en arrière.

Laissez le cheval prendre son temps et regarder où il va…

À FAIRE :

Bien ajuster le licol. Utiliser une longe de travail (plate longe) qui par sa longueur permet de piloter le cheval de l'extérieur.

Se placer derrière à l'extérieur et tirer sur le côté. Une fois que le cheval a tourné la tête, il voit derrière lui et si l'on insiste, il va faire demi-tour. Dans un van à deux places, même si le passage est délicat, il n'y a pas de danger qu'il se coince. Il descendra alors en marche avant.

Il est toujours utile qu'un aide, monté dans le van et placé devant le cheval, donne des petits coups de badine sur le poitrail, au niveau de l'inter-ars.

TRÈS IMPORTANT :

Un cheval ne doit jamais rester attaché dans le van dès lors que la barre de recul est enlevée. Toujours détacher le cheval d'abord, retirer la barre après.

PENSEZ-Y !

··➤ Les vans à sortie avant ne sont pas forcément plus chers que les autres, et les bonnes occasions existent.

14

Il ne se laisse pas **tondre**

Les luttes autour d'une tondeuse ou d'une seringue font partie de l'univers de nombreux cavaliers. Ces conflits, loin de régler les problèmes, ne font souvent que les amplifier, les mauvais souvenirs venant consolider dans l'esprit du cheval les impressions négatives.

Le cheval qui ne se laisse pas tondre a peur de la tondeuse, parce qu'il n'en a pas l'habitude ou parce qu'un mauvais souvenir y a été associé. Le cheval qui ne se laisse pas soigner a peur de la douleur, parce qu'il la connaît (piqûres, soins d'une plaie.)

Certains chevaux comprennent très bien que les soins, même pénibles, sont effectués pour leur bien. D'autres ne l'ont pas compris, ou ne peuvent pas surmonter une nervosité ou leur sensibilité.

Le vétérinaire est bien sûr à même de gérer ces problèmes. Mais si vous avez des soins à faire vous-même, ou pour une simple tonte laborieuse, procédez avec méthode.

Il serait plus efficace de tenir l'antérieur replié. La personne qui le tient devrait se placer sur le côté, pour éviter de recevoir un coup de genou si le cheval bouge.

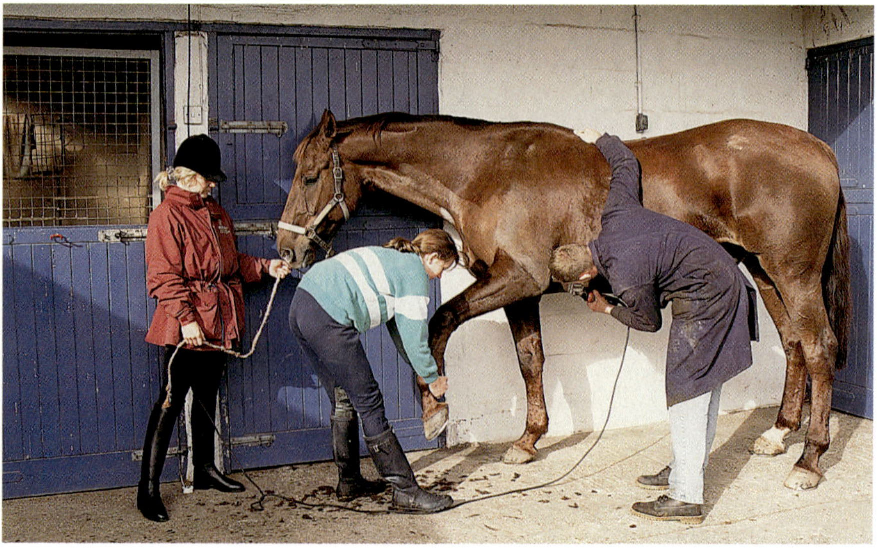

ou **soigner**

Prévoyez un aide, calme, connaissant les chevaux et possédant une certaine force physique.

Sortez le cheval du box mais ne l'attachez pas... En revanche, il est bon de passer la longe dans un anneau d'attache solide : vous aurez plus de contrôle en tenant la longe par l'intermédiaire de l'anneau, qui démultiplie votre force. Le cheval non attaché peut être libéré instantanément en cas d'urgence en lâchant la longe.

Si le cheval bouge mais n'est pas violent : demandez à votre aide de lever un antérieur. En équilibre sur trois pieds, le cheval restera beaucoup plus sage. Contrairement à ce qu'on croit souvent, cela ne l'empêcherait pas de ruer, mais cela limite le risque.

Votre aide peut aussi pincer avec quatre doigts un pli de peau au niveau de l'épaule du cheval. C'est un petit moyen de contention simple, souvent très efficace.

Le système consistant à bloquer un antérieur replié dans une étrivière bouclée est dangereux. Il est réservé aux professionnels.

PENSEZ-Y !

Le tord-nez ne devrait pas être considéré comme un épouvantail. Il est efficace, et traumatise moins le cheval qu'une longue bagarre. Il n'est pas dangereux - alors qu'une piqûre mal faite peut l'être. En réglant vite et bien le problème, le tord-nez est également éducatif : le cheval n'a pas l'occasion d'éprouver sa force, voire de sortir vainqueur d'une lutte stérile.

L'administration d'un tranquillisant léger peut, elle aussi, être préférable à des luttes sans fin.

Le tord-nez : un adjuvant utile, pas un épouvantail...

15 Il est difficile à **ferrer**

Les maréchaux savent comment gérer les difficultés de ferrage. Toutefois, si vous êtes amené à brocher vous-même un clou ou à retirer un fer vous pouvez être confronté à un cheval difficile.

Il est bon d'habituer le foal à donner ses pieds dès les premiers mois ou mieux les premières semaines de sa vie. Il faut penser aussi à frapper de temps à autre de légers coups sur ses sabots avec une mailloche ou un simple caillou. En effet, c'est souvent la résonance des coups qui effraie le jeune cheval. Les vibrations évoquent dans son esprit le bruit d'une fuite, d'une galopade, et équivalent donc à un signal d'alerte. Le poulain habitué à cette résonance dès sa prime jeunesse ne devrait jamais faire de difficultés au ferrage... sauf s'il a eu à souffrir d'une douloureuse maladresse ou d'une brutalité. Auquel cas, il faudra une fois de plus avoir la patience et le tact nécessaires pour inverser petit à petit le processus...

Dans le cas d'un cheval difficile donc, il vous faudra obligatoirement la collaboration d'un aide qui restera à la tête du cheval et assurera une éventuelle contention.

Le cas échéant, un deuxième aide tiendra le pied pour vous faciliter une tâche rapide.

Pour tenir un postérieur, l'usage trousse-pied (simple lanière en cuir repliée) évite les efforts inutiles.

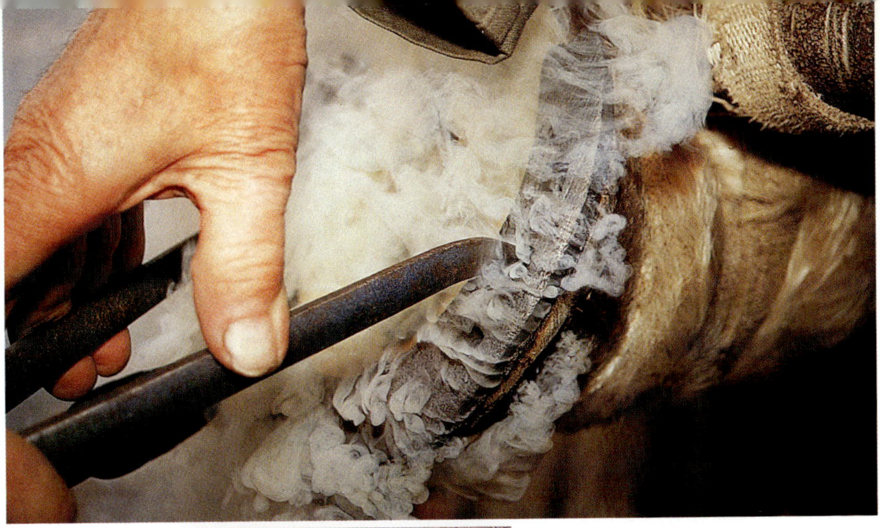

Impressionnante, cette fumée ? Une éducation à faire progressivement, dans la douceur.

Il est toujours bon d'occuper le cheval en lui distribuant des friandises. Ce moyen simple se révèle parfois plus efficace que les divers moyens de contention.

Le cheval effrayé par le bruit des coups de mailloche peut être calmé si on lui place du coton dans les oreilles.

Le cheval qui a peur de la forge peut être momentanément aveuglé par une couverture posée sur la tête.

D'une manière générale, un cheval difficile doit être ferré par un maréchal professionnel. Mais pour un dépannage, on peut recourir à l'usage du tord-nez – toujours préférable à un risque d'accident, une encolure, une lutte épique…

PENSEZ-Y !

Évitez de faire vos petits travaux de maréchalerie aux heures où les mouches sont les plus harcelantes - surtout par temps d'orage !

Les juments dites "pisseuses" (souffrant de troubles ovariens) peuvent être particulièrement difficiles à ferrer. Un cheval souffrant de sciatique peut ne pas supporter de lever un pied postérieur. Si un cheval a un mauvais comportement inexpliqué au ferrage, il n'est pas inutile d'en parler aussi au vétérinaire...

16 Il ne **tient pas la ferrure**

Certains chevaux posent sans arrêt des problèmes de ferrure. Quelques jours après la venue du maréchal, une promenade un peu longue, un terrain lourd suffisent à leur faire perdre un fer. Si l'incident se répète, les conséquences ne sont pas seulement économiques : les pieds se dégradent, rendant les ferrures de plus en plus problématiques.

Nombreuses sont les causes qui font qu'un cheval ne tient pas la ferrure.

En tout premier lieu, il peut s'agir d'un mauvais état de la corne : trop sèche ou trop molle, elle s'effrite facilement et les clous ne tiennent pas.

Il peut aussi y avoir des causes mécaniques : les chevaux qui engagent beaucoup (chevaux ibériques notamment) peuvent arracher les éponges des fers antérieurs avec la pince des fers postérieurs.

Les chevaux qui ont des allures très rasantes usent beaucoup leurs fers, et parfois irrégulièrement (chevaux pinçards, qui usent le fer en pince, chevaux panards ou cagneux qui usent davantage la rive interne ou externe, etc.). Il peut arriver qu'en une seule journée de marche sur le dur, l'usure irrégulière amincisse localement le fer au point qu'il se coupe en deux et se détache.

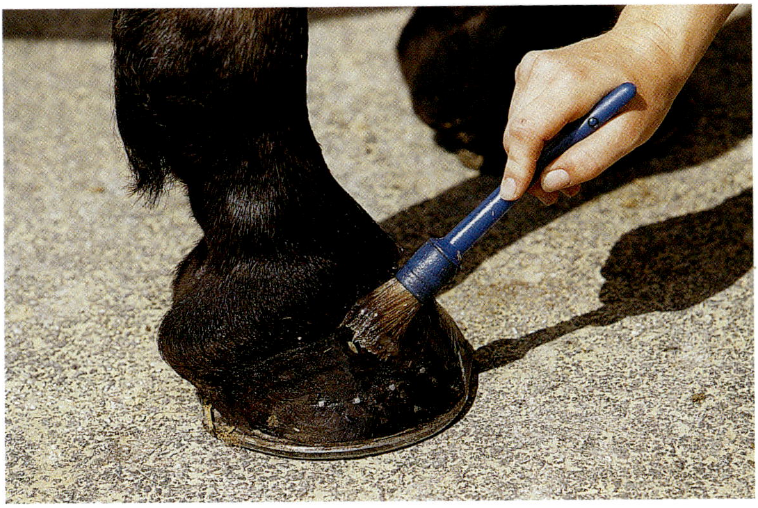

Entretien, surveillance, mais aussi un emploi rationnel du cheval en extérieur évitent les trop fréquents problèmes de ferrure.

Pour améliorer l'état de la corne : graissez les pieds régulièrement. Si la corne est trop sèche, graissez les pieds quand ils ont mouillé, après la douche. Si la corne est trop friable, graissez à sec.

Appliquez sur le bourrelet périoplique un peu d'huile de cade, deux fois par semaine. Cette huile (plus efficace que la traditionnelle huile de laurier) favorise la repousse d'une corne de bonne qualité et réalise un effet kératoplastique. Il existe aussi de nos jours des onguents fortifiants, ultra-nourrissants.

Pour le cheval qui s'atteint : signalez cette particularité au maréchal qui en tiendra compte (pose de fers postérieurs à pince tronquée, garniture peu importante).

Pour les chevaux qui usent beaucoup leurs fers ou qui les usent irrégulièrement : pensez aux pointes de tungstène pour toute la randonnée et le travail sur le macadam. Les chevaux d'attelage usent souvent leurs fers en pince du fait des efforts de traction.

PENSEZ-Y !

N'oubliez pas que les prés boueux agissent comme des ventouses et "aspirent" les fers. Si le cheval a tendance au déferrer, évitez en tous cas les terrains lourds en promenade.

17 Il se **gratte**

De très nombreux chevaux se grattent la base de la queue, ébouriffant les crins. Certains se grattent tout le corps, créant parfois un problème extrêmement sérieux.

Il convient d'éliminer d'abord les causes médicales classiques. Le cheval qui se gratte la queue a souvent des vers. Si la gale est une maladie aujourd'hui éradiquée, le cheval peut avoir tout simplement des poux ! Un traitement approprié et la désinfection du matériel de pansage arrangeront les choses.

Le problème le plus délicat à résoudre concerne la dermite estivale récidivante, qui atteint certains chevaux de façon saisonnière. Il s'agit d'une allergie à de minuscules insectes nommés *culiculoides sp.* dont l'action se fait uniquement durant le printemps et l'été. Les chevaux atteints de cette allergie se grattent sans merci jusqu'à ce que leurs crins soient totalement abîmés, voire anéantis. Dans les cas les plus sérieux, le cheval se gratte aussi les épaules, la croupe, la tête, créant des lésions sanguinolentes entretenues par le grattage.

L'hiver, les culiculoides disparaissent et le phénomène de grattage s'arrête. Les crins repoussent jusqu'au printemps suivant.

Si la prévention du parasitisme et des affections cutanées est un simple problème d'hygiène, la prévention de la dermite estivale n'existe pas.

Se gratter un peu, c'est normal...

COMMENT GÉRER UN CHEVAL ATTEINT DE DERMITE ESTIVALE ?

Les anciens préconisaient de déplacer le cheval "au sud de la Loire". En pratique, les culicuoides semblent avoir élu domicile partout de nos jours, sauf peut-être en haute montagne et dans certaines régions bien précises, le Bordelais notamment.

Faire vivre le cheval au box limite l'agression des culiculoides. Mais ne résout pas entièrement le problème.

Supprimer tous les supports de grattage au pré (arbres, piquets). Utiliser uniquement une clôture électrique, sans barrière en dur.

Essayer l'application d'un mélange d'huile d'olive, de vinaigre et de pétrole, sachant que cette "potion magique" souvent préconisée, n'a qu'un léger effet limitatif, en aucun cas curatif.

Administrer au cheval de la vitamine B1 en comprimés (coûteux). Le comprimé s'avale facilement enfoui dans un morceau de mie de pain. L'odeur de la vitamine B1 repousse les moustiques, et s'avère un peu moins inefficace que les anti-mouches du commerce (ceux-ci sont inutiles dans le cas de la dermite estivale)

Éviter les herbages situés à proximité des mares ou étangs d'eau stagnante.

PENSEZ-Y !

→ La dermite estivale est partiellement et incomplètement héréditaire. De toute façon, les étalons et juments atteints de cette allergie doivent être systématiquement écartés de la reproduction à des fins commerciales.

→ Néanmoins, il a été constaté par les éleveurs de certaines races (Fjord notamment) que la gestation pouvait faire passer chez la jument l'allergie aux culiculoides.

18

Il déchire ses couvertures

Certains chevaux "bien sous tous rapports" ont une manie : ronger, déchirer, arracher leur couverture, parfois en une seule nuit, et quelle que soit la couverture.

L'allergie a bon dos! Certes, elle peut être responsable dans certains cas d'une vive démangeaison qui fait que le cheval ne supporte pas une certaine couverture, un jour. Mais les spécialistes de ce massacre exercent leur vice sur toutes les couvertures, hiver comme été, et ne présentent jamais la moindre allergie à autre chose.

C'est donc bien d'un jeu qu'il s'agit le plus souvent, étayé peut-être par des dents qui poussent (jeunes chevaux) ou une gêne dans les gencives, un mauvais ajustement de la couverture au départ qui donne l'idée de la mordiller et de tirer dessus. Ce qui en plus, a l'avantage de tuer le temps, qui semble parfois si long aux chevaux ne sortant pas beaucoup.

Il est quasi-impossible d'apprendre au cheval que cela ne se fait pas, car il faudrait dormir au box avec lui. Inutile de corriger le coupable en découvrant la couverture en pièces : il ne fera absolument pas le lien entre votre ire et la couverture.

MIEUX VAUT EMPÊCHER L'EXÉCUTION DE LA MANIE :

Mettre au cheval un collier dit "à chapelet", fait de barres de bois reliées entre elles. Ce collier empêche le cheval d'atteindre son poitrail.

Le collier à chapelet empêche le cheval de mordiller l'avant de sa couverture.

La demi-bavette constitue un bon compromis, utilisable au pré.

Variante du même principe : utiliser une barre de bois dont une extrémité est fixée à un surfaix, l'autre extrémité, au licol. Ce système empêche le cheval de plier l'encolure en direction de son poitrail. Il présente l'inconvénient d'obliger le cheval à porter un licol en permanence.

Si le cheval porte une couverture au pré, il ne faut pas utiliser ces deux systèmes, qui peuvent présenter un risque d'accrochage. Utilisez une demi-bavette en caoutchouc, qui bloque le dessous de la bouche mais permet au cheval de manger au sol. Cette demi-bavette peut bien sûr être employée au box, mais retirez-la au moment de la ration, car elle peut gêner l'accès à la mangeoire.

PENSEZ-Y !

La couverture n'est vraiment nécessaire qu'en plein hiver. Il est certain que les chevaux auraient moins de jetage et de syndromes gourmeux s'ils n'étaient pas "amollis" par des couvertures bien souvent inutiles. Les cavaliers projettent leur propre crainte du froid sur le cheval, qui est un animal très peu frileux (seule l'humidité lui est nocive). Il est souvent judicieux de supprimer la couverture, quitte à ne pas retondre dans l'année, à fermer le volet du haut, à mieux pailler le box.

Les systèmes préconisés ci-dessus sont également valables pour les chevaux qui arrachent leurs pansements ou leurs bandes de repos.

19 Il ronge son harnachement

Cette manie est à rapprocher de celle de déchirer les couvertures. Elle provient du plaisir de mordiller, du jeu, du besoin de se débarrasser de quelque chose qui gêne. Mordiller le harnachement peut aussi exprimer l'impatience et la nervosité.

Le cheval aime ronger le cuir, qui croque sous la dent et qui est salé du fait de la transpiration. Une fois qu'un cheval a pris l'habitude d'attraper ses rênes ou toute autre pièce de cuir accessible, il le fait systématiquement.

Ce sont souvent les jeunes chevaux qui contractent ce vice : impatience, manque d'habitude des contraintes du harnachement, gêne provoquée par la pousse des dernières dents.

Ce qui est le plus souvent rongé, ce sont les rênes ou les guides. D'un habile mouvement latéral de ses lèvres très préhensiles, le cheval attrape la partie de rênes proche de l'embouchure et mordille. Quelques secondes peuvent suffire pour sectionner complètement une rêne ou une martingale.

C'est une manie accessible à la correction, pour peu qu'on réagisse immédiatement et que l'habitude ne soit pas trop ancrée. Un jeune cheval qui saisit ses rênes et reçoit immédiatement une vigoureuse claque sur le bout du nez ne recommencera peut-être jamais. Si c'est un vieil habitué de cette manie, il sera plus délicat de lui faire comprendre qu'on n'accepte plus ce qui était accepté jusqu'alors. Le remède est pourtant identique : sévir, mais sévir sur le fait. Ce qui suppose une surveillance constante dès que le cheval est harnaché.

Les rondelles en caoutchouc posées au coin de l'embouchure peuvent limiter les dégâts, peut-être faire oublier l'habitude.

Les rondelles : limitatif, mais non souverain. Pensez aussi aux répulsifs simples comme l'huile de cade.

Si la manie ne cède pas ou si vous ne pouvez pas surveiller le cheval, astreignez-vous à retirer les rênes ou guides et à ne les mettre qu'au moment de partir.

Vous pouvez aussi mettre au cheval une muselière (panier) pendant les moments où vous le préparez.

Il existe des répulsifs (en vente en sellerie) qui s'avèrent très efficaces pour empêcher un cheval de ronger le haut de sa porte, ses pansements ou… ses rênes !

Les chevaux détestent aussi le goût de l'huile de cade : vous pouvez en passer un peu sur les pièces de harnachement exposées.

PENSEZ-Y !

Le cheval rongeur attaque aussi le harnachement de son voisin d'attache. Méfiance !

20 Il gaspille sa nourriture

L'impatience de l'attente de la ration est à la source de ce comportement. Le cheval est tellement content de recevoir sa nourriture qu'il "laboure" allégrement sa mangeoire et tout passe par-dessus bord. D'autres chevaux recrachent leur nourriture ou ne la mastiquent pas, ce qui relève généralement de causes médicales.

Le cheval effectue un mouvement de nez de bas en haut, raclant le fond de la mangeoire comme s'il ne voulait pas qu'il y subsiste le moindre grain d'avoine. Ce mouvement de nez est en réalité un geste atavique de protection contre les serpents. Le cheval - animal de steppe - tout comme le zèbre - animal de savane - "teste" le fourrage : le serpent potentiel se trouverait au sol, donc en secouant l'herbe de bas en haut, on fait fuir le reptile. On peut alors fourrer son nez tranquillement dans la nourriture. Le cheval à l'écurie fait de même avec son foin. mais on n'y attache aucune importance puisque le foin est de toute façon par terre ou dans un filet. Le même comportement, additionné d'un certain énervement dû à la gourmandise et à une petite tendance au jeu, aboutit au gaspillage du contenu de la mangeoire.

Il serait injuste - et illusoire - de gronder ou de corriger un cheval qui effectue un geste purement naturel. Il est plus raisonnable de limiter les effets de son enthousiasme par des moyens matériels.

Il existe bien sûr un truc de vieux palefrenier, mais qui n'est pas très gentil : disposer des ajoncs (qui piquent fort) au fond de la mangeoire pour modérer l'enthousiasme du gourmand. Il est plus sympathique (et tout aussi efficace) de disposer deux barres en travers de la mangeoire : le cheval sera obligé de passer son nez entre les barres et ne pourra pas envoyer tout promener sans se cogner. Il prendra vite l'habitude de modérer son ardeur.

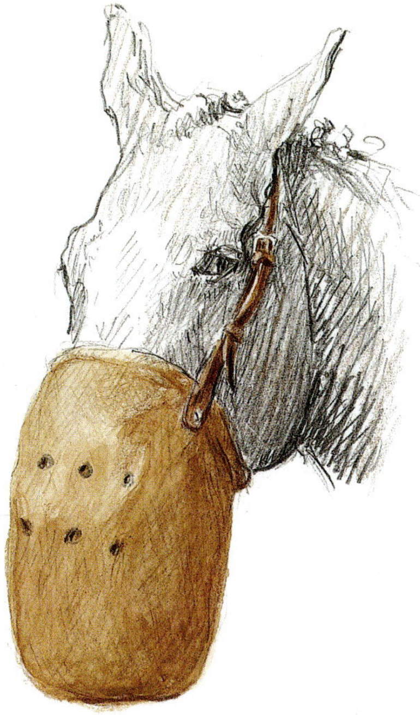

La musette-mangeoire de randonnée peut aussi s'utiliser à l'écurie !

Si le cheval est nourri au seau : pour empêcher ce dernier d'être renversé, il faut d'abord le fixer solidement au mur. D'autre part, disposer dedans une grosse pierre qui limitera les mouvements intempestifs d'un bout de nez fouisseur.

Une musette-mangeoire de randonnée peut parfaitement être utilisée à l'écurie : elle supprime le gaspillage !

Le cheval qui "fait magasin" dans ses joues ou qui laisse tomber de la nourriture hors de sa bouche en mangeant a très probablement des surdents ou tout autre problème dentaire. Appelez le vétérinaire pour y mettre bon ordre. Avec certains chevaux, l'opération de limage des surdents doit être renouvelée régulièrement. Mais attention : chez les chevaux très âgés, cette opération peut s'avérer néfaste. Lorsque les dents ne comportent plus d'émail, l'ivoire - trop lisse - ne permet pas la mastication et le cheval pourrait ne plus s'alimenter du tout.

PENSEZ-Y !

L'examen des crottins n'est jamais inutile pour détecter des grains entiers, devant faire penser à un problème de mastication.

Il **tape** dans la porte

Encore une manie. Décidément, la vie au box, douillette et confortable, n'a pas que des avantages et bien des chevaux y développent des habitudes agaçantes. Rien de plus crispant que d'entendre ces coups incessants, qui abîment fer, et porte.

Non, il ne cherche pas à casser la porte pour s'enfuir : son raisonnement n'irait pas si loin dans l'abstraction. Il ne s'agit pas non plus d'une simple manifestation d'ennui : souvent, le cheval cesse de taper quand il n'y a personne dans la cour et s'y remet dès qu'il croit déceler une présence. Il ne s'agit pas d'une habitude dérivée d'instincts primitifs : au contraire, le cheval qui agit ainsi est dépendant de l'homme et - donc exigeant à son égard. Il attend son repas (les coups s'accentuent au son du concasseur qui se met en route, et redoublent à l'approche de la brouette de nourriture). Certains chevaux sont tellement énervés à ce moment-là qu'ils tapent des postérieurs dans le mur (ce qui est une variante du même vice). Le cheval attend de la compagnie ; il attend la balade (et tape encore plus quand un compagnon de travée est sorti de son box). Bref, c'est un cheval qui voudrait beaucoup qu'on s'occupe de lui.

LES PALLIATIFS :

Le but est d'empêcher le cheval de s'approcher assez près de la porte pour pouvoir la frapper : mettre des bottes de paille devant la porte. Efficace, mais contraignant pour entrer et sortir du box.

Le cheval tape d'impatience lorsqu'il regarde au dehors : installez une grille à la place du volet.

Les bottes de paille devant la porte : un palliatif qui limite les dégâts.

de son box

On peut mettre autour des paturons du cheval des entravons sur lesquels on aura fixé une petite chaîne en métal ou en plastique. À chaque mouvement, la chaînette heurte le cheval et l'agace. Cette méthode est curative pour les chevaux qui tapent des postérieurs et se font de capelets. Elle marche aussi pour les antérieurs.

N'oubliez pas les mesures de simple bon sens qui peuvent aider à calmer le cheval : le gronder lorsqu'il tape, le servir en premier lors de la distribution de picotin, lui donner une litière de paille, le lâcher souvent dans le manège pour qu'il se détende.

Certains chevaux s'énervent parce que leur voisin ne leur plaît pas. Il est simple d'essayer un changement.

PENSEZ-Y !

Pour les cas rebelles, on peut avoir recours aux mini-entraves de randonnée faites d'une bande de cuir attachant ensemble les deux paturons. Bien doublées, ces entraves ne présentent pas de risque de brûlure des paturons comme avec une corde. Ce moyen (qui n'a rien de barbare) empêche évidemment le cheval de taper sur la porte. Ces entraves peuvent, en quelques semaines, lui faire "oublier" sa mauvaise habitude. Mais attention ! le cheval doit y être habitué progressivement, et elles doivent être retirées la nuit pour lui permettre de se coucher.

Il “**force**” la porte

Vous entrez dans le box, la bride à la main, la selle sur le bras. Le cheval pousse la porte et, chargé comme vous l’êtes, vous n’arrivez pas le retenir. Le voilà dans la cour.

Désir de liberté? Certes, ce genre d’épisode peut tourner à la fugue. Mais bien souvent le cheval, une fois dans la cour, s’arrête et renifle le sol jusqu’à ce qu’on vienne le récupérer - très facilement.

Les chevaux entiers forcent souvent leur porte, par désir de rejoindre des congénères, en particulier les juments.

C'est le type même du comportement de non-respect de son cavalier. Cette manie fait perdre du temps, et peut être dangereuse car le cheval qui "force" la porte peut vous bousculer sans vergogne, voire provoquer un accident dans la cour ou ailleurs s'il s'échappe de l'enceinte de l'écurie.

La stratégie nécessite la collaboration d'un aide. Il ouvrira le loquet tout en se plaçant devant la porte pour résister à la poussée du cheval. Dès le premier mouvement dans ce sens, vous donnerez au coupable une très forte tape sur le chanfrein. Cela a pour effet de faire reculer le cheval dans son box - exactement ce que vous voulez! Vous saisissez donc cette occasion pour entrer rapidement, et votre aide repousse la porte aussitôt, sans fermer le loquet (on ne s'enferme jamais avec un cheval). Vous parlerez au cheval, d'abord d'une voix ferme, puis radoucie. S'il met le nez au-dessus de la porte, votre aide resté dehors le repousse d'une nouvelle tape sur le chanfrein (faites attention à vous si le cheval recule brusquement) S'il est sage, donnez-lui un sucre, caressez-le et repartez. Vous recommencerez cette opération une ou deux fois dans la journée, en dehors de toute opération de sellage.

Si le cheval ne perd pas sa manie, ou pendant la période de redressage, vous pouvez installer devant la porte du box, côté intérieur, une chaîne solide à une hauteur d'environ 1 m. Celle-ci vous laisse la possibilité d'entrer dans le box en passant dessous mais bloque le cheval. Une fois celui-ci sellé et bridé, vous pourrez le sortir en détachant la chaîne.

Une simple chaîne évite bien des déboires, et donne au cheval l'impression d'être moins enfermé.

PENSEZ-Y !

Il y a des chevaux qui savent très bien ouvrir leur box en jouant avec le loquet. Et qui ouvrent les boxes des autres par solidarité! Lorsqu'une écurie comporte un cheval fugueur ou entier, il est sage de prévoir une clôture extérieure qui limitera l'étendue de son odyssée.

23

Il gratte le sol

Attaché au camion en concours, le cheval laboure le sol. En promenade, il est impossible à tenir immobile pendant que vous admirez le paysage ou lisez une carte. Au box, il remue sa litière et se met sur le ciment.

Il y a de nombreuses raisons qui poussent un cheval à gratter le sol. Il peut s'agir d'un signe de nervosité ou de défi (étalon voyant une jument ou affrontant un rival). Cela peut aussi être un signe d'impatience et de faim : le cheval gratte le sol avec un antérieur lorsqu'il entend s'approcher la brouette de granulés, par exemple. L'association impatience-faim-grattage remonte très loin dans son instinct : le cheval, en grattant les végétaux, pouvait écarter des herbes impropres à la consommation pour en découvrir d'autres, comestibles. Il pouvait aussi rechercher de l'eau, ou faire apparaître une flaque dont il pressentait la présence. En hiver, le cheval pouvait en grattant repousser la neige et casser la glace, et trouver dessous un peu de nourriture. D'ailleurs, quand on donne son seau de granulés à un cheval, il retrouve cet instinct et gratte, renversant le seau et son contenu. Dans l'eau, le cheval gratte avant de boire pour écarter les éventuels serpents, et pour tester la fiabilité du fond (c'est pourquoi le cheval gratte toujours avant de se rouler dans l'eau.)

Pour le cheval domestique, cette manie a beaucoup d'inconvénients :

Le cheval se fatigue inutilement et use sa ferrure. Attaché, il risque une prise de longe. Son cavalier risque d'être frappé par un antérieur. Enfin, le cheval qui gratte lorsqu'il est au travail prévient : il va d'une seconde à l'autre se laisser choir et se rouler, surtout si l'on traverse une rivière.

Le cheval qui gratte lorsque vous le tenez en main peut vous heurter avec son sabot ; vous ne devez donc pas le laisser faire et il est facile de

Quand on s'ennuie, on gratte... Un filet à fourrage, accroché au camion, suffirait sans doute à occuper le cheval.

le réprimander sur le fait puisque vous êtes à côté de lui.

En revanche, il est inutile d'essayer de corriger le cheval qui gratte au box, puisque vous ne pouvez pas le surveiller en permanence.

QUELQUES PALLIATIFS SIMPLES :

Limitez les causes d'impatience ou d'ennui du cheval : servez-le en premier!

Pour l'empêcher de gaspiller sa ration, donnez-la lui dans une mangeoire plutôt que sur le sol. S'il mange dans un seau, attachez ce dernier au mur avec une chaîne.

Si le cheval s'impatiente à l'arrêt : gardez les rênes longues. Cette descente de mains sera vite interprétée comme un signal de relaxation, de non-attente.

Avec un cheval qui gratte la surface de l'eau. Attention! il va se rouler d'une seconde à l'autre. Réagissez instantanément avec la plus grande énergie (voyez le chapitre consacré à ce problème)

PENSEZ-Y !

→ Un cheval hume généralement le sol avant de gratter : attaché court, il le fera moins volontiers, et en plus, vous éviterez les prises de longe. En manège, évitez de le laisser baisser la tête : renifler la sciure incite à gratter, puis à se rouler.

24

Il a le **tic aérophagique**

Lorsqu'on parle de tic sans autre précision, c'est du tic aérophagique qu'il s'agit. Celui-ci constitue un vice rédhibitoire annulant une vente.

Le collier anti-tiqueur peut être équipé d'une peau de mouton pour éviter les frottements excessifs.

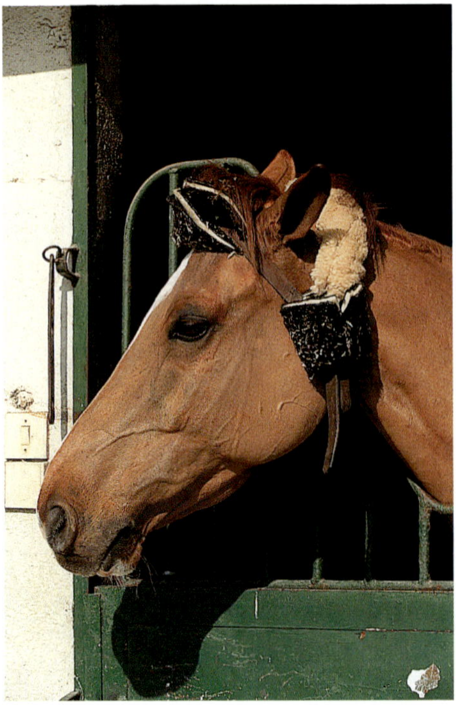

Il existe deux variantes de ce même tic : dans le tic "à l'appui", le cheval appuie les dents contre un support fixe (en général le bord de sa porte ou de sa mangeoire), fait entendre un bruit rauque, avale de l'air et recommence indéfiniment. Dans le tic "à l'air" le cheval se passe de l'appui mais fait entendre le même bruit.

Comme tous les tics et vices d'écurie, le tic aérophagique trouve sa source dans l'ennui du cheval confiné de longues heures durant.

Nous l'avons dit à propos du tic de l'ours : la meilleure prévention est celle qui consiste à distraire le cheval (sorties, pansage, jouets, compagnie d'un animal, mise au pré chaque fois que possible.)

Et surtout, ne pas laisser son cheval en compagnie d'un congénère tiqueur : les tics "s'attrapant" très souvent par imitation.

On ne peut guérir le cheval de ce vice, mais on peut en limiter l'exécution et surtout les conséquences.

Pour le tic à l'appui (dit aussi "tic à la mangeoire"), supprimer la mangeoire. Remplacez-la par un seau qui se renverse à la première pression.

Remplacez la porte du box par une chaîne (le cheval ne tique pas sur quelque chose qui bouge).

Le cheval tiqueur trouve toujours un point d'appui... même au pré.

À défaut, protégez le dessus de la porte par un revêtement en tôle, qui évitera que le bois de la porte ne soit abîmé et que le cheval attrape par voie de conséquence une autre manie, celle de ronger le bois.

Au pré, n'utilisez que des clôtures électriques, en supprimant même les barrières en bois et leurs poteaux.

Là encore, pas trop d'illusions : privé de support, le cheval tiquera sans doute "en l'air", mais cette forme de tic évite au mois l'usure des dents.

À titre indicatif, rappelons qu'il existe des colliers spéciaux, dits "anti-tiqueurs", faits d'une barre de métal resserrée en U qui se fixe autour de la gorge et empêche la déglutition. Il faut parfois en arriver à l'emploi de cet ustensile pour éviter, chez les tiqueurs invétérés, l'apparition de pathologies et l'usure excessive des dents. Tout en sachant que le collier anti-tiqueur est palliatif mais non curatif.

PENSEZ-Y !

···> J'ai personnellement remarqué que le tic est plus fréquent lorsqu'une atmosphère de stress règne dans une écurie.

···> Peut-être faut-il dédramatiser un peu ce vice. Un cheval qui tique peut malgré tout remplir très bien son office...

25 Il a le **tic de l'ours**

Les antérieurs légèrement écartés, le cheval balance son encolure d'un côté à l'autre par-dessus la porte du box (ou parfois à l'intérieur – dans ce cas la tête un peu baissée.) Son poids passe alternativement d'un antérieur sur l'autre, infligeant aux muscles et ligaments un effort anormal et incessant.

Comme tous les vices d'écurie, ce tic s'acquiert du fait de l'inactivité. Herbivore adapté à la course, le cheval n'est évidemment pas fait pour rester au box 23 heures sur 24. On observe d'ailleurs ce comportement de balancement de la tête chez de nombreux animaux en captivité - les ours notamment. Certains animaux le font avec le nez au ras du sol, ce qui a pu faire croire à la recherche incessante d'une issue pour s'échapper. Chez le cheval, ce mouvement de tête se fait le plus souvent par-dessus la porte du box.

Le "tic de l'ours" est très fatigant pour le cheval, qui dépense ainsi beaucoup d'énergie inutile. De plus, ce tic peut se communiquer très vite aux autres chevaux de l'écurie, qui l'acquièrent par mimétisme.

Une fois ancré, le tic de l'ours est en général impossible à corriger. Mais on peut éviter son apparition. Il faut procurer au cheval le maximum de distractions : laisser le volet supérieur ouvert; lui donner un jouet (un vieux pneu ou un ballon accroché au plafond du box par une chaîne) lui adjoindre la compagnie d'un animal familier vivant dans le même box (chèvre, mouton.) Le sortir souvent (deux petites promenades valent mieux qu'une longue, car les préparatifs sont distrayants aussi). Et ne pas laisser un cheval tiqueur à portée de sa vue.

Le tic ambulatoire a les mêmes causes que le tic de l'ours. Il consiste à marcher en rond sans arrêt dans le box. Certains chevaux sont ruisselants de sueur et totalement épuisés par ce manège.

On a préconisé divers remèdes contre le tic

La grille constitue un palliatif simple qui évite les phénomènes d'imitation chez les autres chevaux.

de l'ours. Par exemple, attacher au plafond une pierre fixée à une corde et sensée le heurter à chaque mouvement. Cela ne sert qu'à créer un danger là où il n'y avait qu'un tic.

Inutile bien sûr de frapper le cheval pour une habitude dont il n'a même pas conscience. La seule chose à faire est d'essayer d'empêcher l'exécution du tic, par des obstacles matériels :

Fixer deux barres verticales à la partie supérieure de la porte empêche les mouvements latéraux de l'encolure.

Dans le même but, il existe dans le commerce des grilles spéciales toutes faites, à fixer à la porte, avec une ouverture en V permettant à l'encolure de passer mais pas de bouger latéralement.

Mais ne nous faisons pas trop d'illusions : un tiqueur invétéré reculera loin de la porte et se balancera au fond du box.

Contre le tic ambulatoire, on préconise aussi l'accrochage d'un obstacle pendant du plafond pour gêner le cheval dans sa marche incessante. Il faut bien sûr que cet obstacle soit sans danger (gros sac bourré de paille, par exemple). Mais là encore, le remède est loin d'être souverain.

PENSEZ-Y !

Il a été établi qu'un cheval doit donner chaque jour plusieurs milliers de coups de mâchoire. Ce besoin de mastiquer n'est pas satisfait par de simples repas d'aliments complets. Le cheval doit donc recevoir du foin, et avoir une litière en paille (sauf contre-indication). Toutefois, consommée en excès, la paille a l'inconvénient de provoquer parfois des coliques par bouchons. La bonne solution pour un juste équilibre physique et psychique reste donc une ration suffisante de foin (quitte à réduire la ration de granulés). Si cette solution ne convient pas aux chevaux de sport de haut niveau chez lesquels un encombrement minimum est requis, elle est recommandée pour tous les autres.

26 Il dévore sa litière

Un cheval qui se bourre de paille aurait été considéré autrefois, dans les fermes, comme un cheval en bonne santé et d'entretien économique. "Cheval de paille, cheval de bataille" dit le dicton.

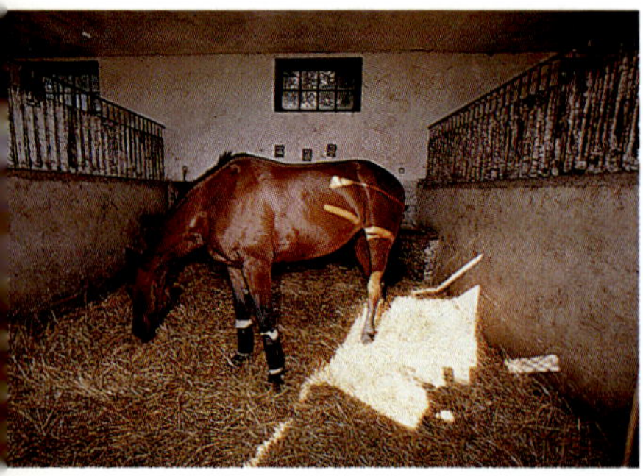

Il n'en est plus de même de nos jours : d'une part, on recherche des chevaux de plus en plus sveltes et musclés en vue de performances toujours plus sélectives. L'encombrement des intestins doit être aussi réduit que possible. D'autre part, la paille de notre époque est beaucoup moins digeste. Le cheval qui se bourre de paille risque donc les coliques par bouchons.

Le cheval est un herbivore qui, dans la vie sauvage, doit assurer son apport énergétique avec uniquement de l'herbe ou des plantes ligneuses. Pour assurer un total de calories suffisant, il doit donc manger toute la journée. Enfermé au box, même s'il reçoit une ration de céréales nourrissantes, il conserve l'habitude de mastiquer tout ce qu'il trouve.

Bien souvent, le cheval qui dévore sa litière n'a pas reçu assez de foin, ou n'en reçoit pas du tout (c'est le cas de nombreux chevaux en région urbaine ou périurbaine). En effet, les aliments complets ("granulés") sont faciles d'emploi et d'un stockage peu encombrant. L'écurie moderne peut se passer de concasseur, de grande fenière, réduisant d'autant la manutention et les charges de personnel.

Les granulés sont censés couvrir la totalité des besoins nutritifs de l'animal – et comportent d'ailleurs une part de fourrage. Toutefois, si tous les nutriments sont effectivement présents dans ces granulés en quantité suffisante et sous une forme très bien assimilable, le volume alimentaire n'est pas assuré. Paradoxalement, le cheval est parfaitement nourri, mais ne mange pas assez ! Une mangeoire de granulés consommée en dix minutes, et plus rien jusqu'au repas suivant.

Le cheval a besoin de mastiquer, de varier ses plaisirs gustatifs, de remplir son estomac en permanence puisque celui-ci, de faible contenance, se vide sans cesse.

Le cheval nourri aux aliments complets devrait donc recevoir quand même du foin en abondance. Si ce n'est pas le cas, le cheval, en toute logique, mange sa paille et en mange trop.

La prévention et la gestion du problème se rejoignent. Pour que le cheval ne se bourre pas de paille, il est évidemment possible de le mettre sur une litière de copeaux, de tourbe voire de papier journal. Attention : dans ce cas, il est indispensable de donner très généreusement du foin pour assurer au cheval le lest indispensable au bon fonctionnement de son intestin, et le quota de mastication nécessaire à son moral !

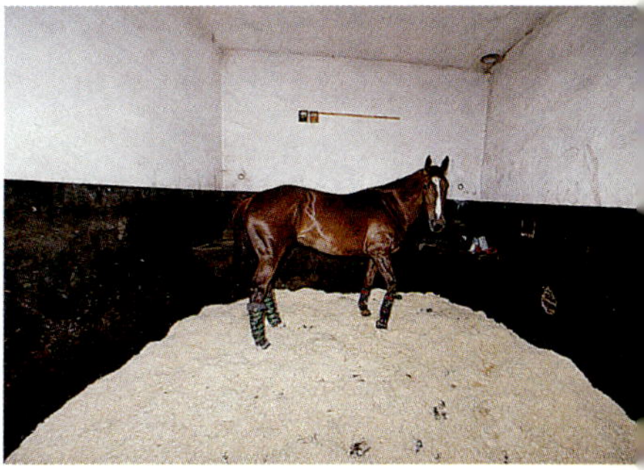

La suppression de la litière de paille impose une généreuse distribution de foin.

ON PEUT AUSSI :

Mettre au cheval un panier. Mais lorsqu'on l'enlève, le cheval va se rattraper avec goinfrerie et le risque de coliques sera accru. Si on met un panier, il faut le laisser en permanence, et ne l'enlever que pour les repas.

Si l'on dispose d'un petit pré, y lâcher le cheval plusieurs heures par jour. Faute de pré, un petit paddock, même sans herbe (mais non cimenté) permet au cheval de se détendre, et limite la consommation de paille en rompant le cycle de l'ennui.

Mais un bon équilibre alimentaire (alimentation traditionnelle ou granulés + foin) est à la fois la meilleure prévention et le meilleur traitement d'une certaine boulimie somme toute bien naturelle.

PENSEZ-Y !

→ Le cheval qui baille fréquemment a sans doute un problème gastrique. La surconsommation de paille n'y est peut-être pas étrangère...

27

Il mange ses **crottins**

Il est assez fréquent de voir un cheval lécher consciencieusement les murs de son box, le sol de la cour, le haut de sa porte. Il arrive aussi qu'il mange le sable de la carrière ou de la terre. Certains chevaux - plus rares - mangent leurs crottins.

Contrairement à ce qu'on croit, ce ne sont pas vraiment des comportements de pica : tous les poulains mangent les crottins de leur mère. Manger de la terre ou du crottin ou lécher les murs est un moyen pour le cheval de combler peut-être une carence en sel ou en minéraux.

En plus, le cheval trouve sur les murs un goût légèrement salé. Plus tard, même si un éventuel manque de minéraux est corrigé, il arrive qu'il conserve l'habitude de lécher les murs par habitude - ou par ennui.

MESURES SIMPLES :

Donner au cheval une pierre à sel polyminéralisée à suspendre dans son box. Méfiez-

ou **lèche les murs**

Le mur est un peu sale, ou bien le cheval s'ennuie ! Donnez-lui une pierre à sel ou un animal familier dans son box.

vous des accrochages avec une corde dans laquelle le cheval risque de se prendre les pieds : mettez la pierre à sel assez haut.

Si le comportement persiste, des minéraux peuvent être éventuellement administrés sous forme médicamenteuse à des doses plus importantes. Consultez votre vétérinaire.

De toute façon, il est toujours bon de donner au cheval des distractions (travail régulier, jouets, animal de compagnie) qui éviteront en outre l'apparition d'autres tics d'écurie.

PENSEZ-Y !

Si le cheval lèche les murs, attention aux revêtements éventuellement toxiques : peinture à base de plomb, minium, etc. De telles intoxications ne sont pas rares.

2e partie

PROBLÈMES LORS DU TRAVAIL

28 Il est difficile **à mener en main**

Rien de plus désagréable qu'un cheval qui n'est pas sage en main, qui tire, pousse, se met de travers, vous marche sur les pieds, vous coupe la route, trottine, s'arrête, bondit en avant, hennit, fait mine de se cabrer - ou pire, se cabre vraiment.

Marcher en main, c'est comme tout : ça s'apprend. C'est pourquoi il serait souhaitable que les éleveurs habituent leurs poulains à être tenus en main dès les premières semaines de leur vie. Mais il y a beaucoup de chevaux chez qui cette éducation a été négligée, ou qui l'ont oubliée si on leur a laissé prendre de mauvaises habitudes.

Soit :

- le cheval est jeune et ne sait pas marcher en main
- le cheval est paresseux et se fait traîner
- le cheval est anxieux et, lorsqu'il se sent "tenu", ne pense qu'à se dégager au plus vite
- le cheval tire, parce qu'il est très grégaire et veut suivre ou rattraper des congénères, ou simplement parce qu'il est vif et veut avancer (le pas naturel du cheval est plus rapide que le nôtre).
- le cheval est vif et/ou indiscipliné : il barre

Ne jamais se placer face au cheval...

C'est lors de la marche en main que s'établit une relation équilibrée de respect mutuel.

la route, arrache la longe des mains. voire se pointe, ce qui est évidemment dangereux pour qui se trouve sur le trajet de la "redescente".

Cela peut alors aller jusqu'aux bonds de gaîté en main. Dans ce cas, attention! si la longe est trop longue ou vous échappe des mains, le cheval se trouvant en avant de vous risque de vous envoyer, sans le faire exprès, des ruades de bonne humeur, fort dangereuses.

COMMENT PROCÉDER ?

Marchez au niveau de l'épaule, ne vous laissez jamais dépasser et ne courez jamais. Obligez le cheval à régler son pas sur le vôtre et non l'inverse.

28 Il est difficile **à mener en main**

N'enroulez pas la longe autour de votre main : si le cheval tirait brutalement, vous pourriez avoir une fracture des métacarpiens. Ne tenez jamais le licol directement.

Tenez la longe ou les rênes relativement courtes (un cheval à bout de longe, c'est la possibilité pour lui de faire des bonds ou de ruer) mais pas trop courtes : gardez une certaine distance. Si vous touchez l'épaule du cheval, il s'établit un contact trop familier qui n'incite pas le cheval à vous respecter. Et lorsque vous marchez en main, c'est un rapport de respect que vous devez établir avec lui. Vous n'êtes plus sur son dos, vous êtes à son niveau : raison de plus pour vous affirmer comme dominant vis-à-vis de lui.

Ne donnez jamais d'appui au cheval : la longe ou les rênes doivent être détendues (sauf par instants pour donner une indication ponctuelle). Le cheval doit marcher à côté de vous en "liberté sur parole". S'il s'agite, faites la grosse voix, donnez un coup sec sur la longe de haut en bas, puis relâchez-la.

Si le cheval est mou ou négligent, apprenez-lui à marcher de façon régulière, en le stimulant d'un petit appel de langue ou avec une cravache montrée au niveau de l'épaule.

Si au contraire, le cheval pèche par nervosité, et avec tout jeune cheval, soyez prudent. Avec un cheval difficile, le licol ne permet pas une contention suffisante. Il faut utiliser un filet et tenir le cheval par les rênes, ou mieux, munir

Le licol "de présentation" avec chaîne coulissante peut constituer un bon intermédiaire entre le licol simple et le filet.

le cheval d'un caveçon. Le caveçon est précieux, et permet de rappeler le cheval à l'ordre par une saccade sur la longe sans offenser la bouche. Il ne s'agit nullement d'un instrument de torture, comme le croient certains, mais d'un excellent moyen de dominer le cheval par une action sur le chanfrein : bien rembourré, le caveçon n'est ni brutal, ni dangereux.

Avec un cheval entier ou cabreur, pensez aussi à utiliser un chifnez.

Si le cheval est difficile, il peut s'avérer utile d'être muni d'une longue gaule qu'il connaît (toujours de même couleur) et qu'il respecte. Cette cravache qui ne sert pas à frapper, mais à rappeler à l'ordre. Tenez-la dans la main gauche. On peut aussi la tenir par le milieu, pour pouvoir donner un petit coup avec le manche sur le chanfrein. Le chanfrein est une zone très sensible chez le cheval, qui respectera vite la cravache ainsi tenue et montrée.

PENSEZ-Y !

···> Tenez-vous très droit : votre attitude en imposera au cheval qui lui aussi, "se tiendra" tranquille.

29

Il est difficile **en liberté**

La mise en liberté dans un manège ou tout autre lieu bien clos permet de détendre un cheval que l'on n'a pas le temps de monter ou de longer. Il faut distinguer la mise en liberté (on laisse le cheval seul une dizaine de minutes ou on le surveille en le laissant se dépenser) et le travail en liberté, utilisé pour enseigner au cheval à travailler uniquement en obéissant à la voix et à la chambrière. Le travail en liberté est également très utilisé pour présenter un cheval à la vente, en le laissant montrer ses allures ou son geste à l'obstacle.

Dans l'esprit du cheval, l'homme est un congénère. Nous savons combien les chevaux vivent en structures fortement hiérarchisées. Il est donc essentiel, dans le travail en liberté tout particulièrement, que le cheval considère son dresseur comme un congénère supérieur situé tout en haut de la pyramide hiérarchique.

La piste doit être associée dans l'esprit du cheval avec les "passées" que le cheval emprunte pour changer de lieu. On voit nettement dans les herbages ces passées, sorte de chemins d'une trentaine de centimètres de largeur, que les chevaux suivent systématiquement pour se rendre à l'abreuvoir, par exemple. Cette passée est toujours associée à un sentiment de sécurité, même - très paradoxalement - lorsqu'un danger s'y trouve.

Il est donc très positif pour le dresseur d'exploiter cette disposition naturelle du cheval à marcher "là où les autres ont marché".

Le cheval mis en liberté galopera volontiers et jettera son feu d'écurie à grand renfort de "coups de cul". On peut l'inciter à se dépenser en tapant sur le pare-botte du manège avec une cravache, ou en le stimulant de la voix.

Lorsqu'il s'agit de travail, le cheval doit comprendre qu'il doit se déplacer sur la piste (il doit apprendre le commandement "piste") aux deux mains et aux trois allures.

AU DÉBUT DU DRESSAGE OU DU REDRESSAGE :

Placez-vous au centre du manège avec une chambrière (qui ne sert à rien pour l'instant)

S'arrêter dans les coins : un des défauts les plus fréquents lors du travail en liberté...

et ayez recours à un aide qui mène le cheval en main, sur la piste, tenu par le licol ou le caveçon. Les ordres de départ au pas et d'arrêt émaneront de vous. Votre aide récompensera l'obéissance aussitôt.

Dès que le cheval obéit aux ordres vocaux, l'aide peut le lâcher et viendra se placer à l'autre bout du manège de manière à ce que le cheval soit bloqué des deux côtés dans toute tentative de quitter la piste. Faites-le respecter la distance en le suivant avec la chambrière.

Pour passer aux allures supérieures, laissez toujours un aide à l'autre bout du manège. Ce n'est que lorsque le cheval sera bien habitué que vous le contrôlerez seul, du milieu du manège.

D'UNE MANIÈRE GÉNÉRALE :

Comme dans le travail à la longe, le positionnement du dresseur par rapport au cheval est essentiel : légèrement en arrière du cheval, le dresseur incite l'animal au mouvement en avant.

La chambrière est une aide, pas un instrument de correction. Elle peut occasionnellement sanctionner un manque d'impulsion par un coup de mèche destiné à créer le mouvement en avant, mais ne doit pas servir à frapper.

Quelques plots disposés aux endroits délicats remplaceront la présence de l'aide et inciteront le cheval à rester sur la piste.

LA NON-OBÉISSANCE :

Envisageons quelques cas de non-obéissance lors d'un travail de base en liberté :

Dès qu'il s'agit de travail en liberté le cheval doit être aux ordres et rester sur la piste.

L'apprentissage du travail en liberté peut se faire à la longe pour commencer...

Le cheval s'arrête dans les coins : c'est la défense la plus fréquente. Elle doit être immédiatement sanctionnée d'un coup de la mèche de la chambrière dans les jarrets.

Le cheval ne respecte pas la piste. Il faut l'éloigner de vous avec la chambrière tenue horizontalement et le commandement "piste" donné d'une voix mécontente.

Le cheval s'arrête n'importe où, flaire le sol et notamment les crottins (comportement fréquent du cheval entier), gratte le sol, se roule. Ce cheval n'a pas la notion qu'il est au travail, il se laisse vivre ou cherche à jouer. On peut le laisser faire quelques instants lorsqu'il s'agit d'une mise en liberté à titre de détente, mais ensuite il faut l'obliger à se dépenser, et à se mettre aux ordres. Voix, chambrière.

Le cheval "colle" au dresseur : sympathique, mais là encore, il ne travaille pas !

PENSEZ-Y !

- **Utilisez une chambrière très longue (l'idéal étant une chambrière de voltige).**
- **Dans le travail en liberté, vous ne disposez d'aucun "lien" matériel avec le cheval. Les codes de la chambrière et de la voix doivent être particulièrement bien assimilés et respectés. Il ne doit y avoir aucune équivoque. Nuancez bien votre voix dans les différents registres : ordre simple, ordre ferme, félicitations, réprimande.**
- **Évitez systématiquement de récompenser le cheval en liberté avec des friandises, car il prendrait par la suite l'habitude de quitter la piste pour venir quémander auprès du dresseur.**

30

Il est difficile **à longer**

Le débourrage et le premier travail du jeune cheval à la longe n'entrent pas dans le cadre de cet ouvrage. Nous examinerons ici quelques difficultés courantes rencontrées avec un cheval, jeune ou moins jeune, qui n'est pas aux ordres à la longe ou cherche à "tricher".

Rappelons quelques principes souvent oubliés :

À QUOI FAUT-IL FIXER LA LONGE ?

On peut utiliser :

Un simple licol (réservé aux séances de détente avec un cheval sage).

Un filet, (ce qui oblige à changer le montage lorsqu'on change de main).

Un caveçon, ce dernier étant très efficace, tout en ménageant la bouche du cheval. Attention : un caveçon doit être bien ajusté. S'il n'est pas suffisamment serré au niveau de la muserolle, ses mouvements latéraux peuvent traumatiser le chanfrein.

LA POSITION DU LONGEUR :

Elle est primordiale, car elle seule permet d'apporter une réponse à l'instinct du cheval. Celui-ci a naturellement tendance à s'arrêter lorsqu'on est devant lui, à avancer lorsqu'on est derrière lui (instinct de protection contre les prédateurs). Le positionnement du longeur doit inciter le cheval à se porter vers l'avant, car en longe comme en équitation, l'impulsion reste la clef de voûte de tout dressage.

La chambrière et la longe doivent former les deux côtés d'un triangle dont le longeur occupe le sommet.

Le longeur doit se tenir droit, les mains proches l'une de l'autre. La position des mains d'un bon longeur est comparable à celle des mains du ca-

Les mauvaises positions du longeur (ici les bras trop hauts et trop écartés) engendrent inévitablement des désordres.

valier ou du meneur. Il est fréquent, même chez des cavaliers sachant bien longer, de voir des mains trop hautes.

Le pied droit du longeur doit être en avant lorsque le cheval est piste à main droite, son pied gauche doit être en avant lorsque le cheval est piste à main gauche.

La longe elle-même peut être considérée comme un substitut des "passées" dont nous avons expliqué le rôle au chapitre précédent. C'est pourquoi il est important que la longe, ce prolongement physique du bras du dresseur, soit associée dans l'esprit du cheval avec un "guide" rassurant.

EN PRATIQUE :

On travaille souvent un cheval à la longe pour le détendre avant de le monter ou de l'atteler. Il est donc logique de tolérer quelques bonds de gaîté puisque l'objectif est de laisser le cheval "jeter son feu d'écurie" en libérant un peu de son énergie excessive. Mais il faut limiter ces manifestations de bonne humeur qui peuvent très vite devenir pour le cheval un moyen de se soustraire à l'autorité d'un cavalier trop permissif. Le cheval doit comprendre que si quelques bonds sont acceptés lors des premiers tours, la longe est un travail comme un autre et qu'il doit être aux ordres.

Dès que le cheval a libéré un peu d'énergie par quelques coups de cul, reprenez-le de la voix avec une petite saccade sur la longe.

Si le cheval s'arrête, il faut recréer l'impulsion sans générer le désordre.

Si le cheval s'arrête sur la piste, le longeur doit le remettre en avant par un ordre clair, mais aussi par son positionnement légèrement en arrière du cheval.

Si le cheval fait demi-tour, le longeur doit

Ici le longeur n'occupe plus le sommet du triangle ; le cheval fuit vers l'extérieur du cercle.

essayer de prévenir cette défense avant qu'elle ne soit exécutée. Il est beaucoup plus facile de remettre en avant un cheval au moment où il ralentit dans le but de faire demi-tour que lorsque le demi-tour est effectué. Pour ce faire, captez l'instant où le cheval va se mettre face à vous : c'est à ce moment que vous devez "donner du mou" dans la longe pour remettre le cheval en avant.

Si le cheval a déjà fait demi-tour, ne pas se précipiter. Le gronder et donner une saccade sur la longe. Donner l'ordre d'arrêt. S'approcher du cheval et le replacer calmement sur la piste. Faire redémarrer instantanément. Dès que deux ou trois tours sont obtenus dans l'obéissance, arrêter le cheval sur la piste, récompenser et cesser la leçon.

Mieux vaut savoir s'arrêter avant une nouvelle désobéissance.

Si le cheval recule : laissez-le faire. Il sera surpris, et se lassera assez vite de cette défense assez pénible à exécuter longtemps. Dès qu'il s'arrête de lui-même, redemandez la marche avant.

Il est bon, si le cheval ne reste pas sur la piste et vient au milieu, de vous faire aider par une personne qui marche à côté du cheval en le tenant en main, pendant que vous restez au milieu avec la chambrière. Ce dressage ou redressage au pas, dans le calme, permet au cheval de comprendre qu'il s'agit d'un travail à part entière, sous votre autorité.

PENSEZ-Y !

Pour les chevaux qui échappent continuellement à la longe, pensez à travailler aux longues rênes. Il ne s'agit pas ici de travailler derrière le cheval, mais d'ajouter simplement une "deuxième longe" (pour reprendre l'expression en usage à l'École de Vienne). Cette technique est si efficace que certains estiment que le longeur avec une seule longe est "manchot" !

Le choix de la chambrière est important. Une chambrière trop lourde ou trop longue entraîne une crispation de l'avant-bras du longeur et de ses épaules. Cette crispation se voit sur le visage du longeur, et le cheval le perçoit très bien : cela n'aide pas à sa décontraction et à sa sécurisation.

31

Il est difficile

Le travail aux longues rênes est peu pratiqué en France. Cette technique passe pour compliquée et mystérieuse. Pourtant, elle est assez simple et les défenses sont plus faciles à contrer que dans le travail à la longe.

Le travail aux longues rênes sur le cercle est très utilisé par les meneurs, mais aussi par tous ceux qui se servent de ce moyen comme complément de la longe.

Le travail aux longues rênes derrière le cheval est utilisé par les cavaliers de dressage dans le cadre du travail à pied. Il est réservé aux cavaliers fins et - il va sans dire - aux chevaux dont le degré de soumission (sinon de dressage) exclut le risque de ruade lors du travail rapproché.

RAPPELONS BRIÈVEMENT QUELQUES BASES :

Le travail aux longues rênes peut s'effectuer soit en filet, soit en caveçon (dans ce cas, les rênes sont bouclées aux anneaux latéraux).

Normalement, le cheval doit être muni d'un surfaix à anneaux dans lesquels coulissent les longues rênes. D'une part, ce surfaix empêche les rênes de pendre trop bas, et d'autre part il réalise un point fixe par lequel passe l'action de la main.

Toutefois le surfaix n'est pas indispensable et certains préfèrent s'en passer.

Selon les écoles et les circonstances, la rêne extérieure peut passer sur le dos du cheval ou sous la queue, un peu au-dessus des jarrets (elle permet ainsi le contrôle des hanches).

La rêne intérieure va directement à la main du dresseur.

Les problèmes surgissant dans ce type de travail sont du même ordre que ceux qui appa-

aux longues rênes

La rêne extérieure passant au-dessus des jarrets permet le contrôle des hanches à condition d'être ajustée...

raissent dans le travail à la longe, et ont les mêmes causes.

Le cheval refuse de rester sur le cercle : la "deuxième longe" constituée par la longue rêne extérieure sera souveraine et permettra de bloquer la déviation des hanches.

Manque d'impulsion : la chambrière agira avec d'autant plus d'efficacité que le cheval ne peut pas fuir latéralement.

Acculement, rétivité : la longue rêne extérieure "pousse" mécaniquement le cheval vers l'avant.

Indiscipline, bonds de gaîté, excès de "jus" : avec un caveçon, il n'y pas de risque de ruiner la bouche : une saccade rappellera le cheval à l'ordre assez facilement.

Dans tous ces cas de figure, il est évident que la voix du dresseur reste l'aide prépondérante, qui précédera toujours les aides physiques, les renforce et les complète en cas de non-compréhension ou de non-obéissance.

SI LE CHEVAL S'EST ENTORTILLÉ :

Si une désobéissance n'a pas été rattrapée à temps, il arrive que le cheval s'entortille dans les longues rênes. Un cheval bien dirigé et travaillé de façon très progressive ne devrait pas en arriver là. Si toutefois le cas se produit, il est inutile

La rêne extérieure n'est pas tendue : le cheval n'est pas sur la main et ne s'arrondit pas sur le cercle…

de chercher à "rembobiner" le cheval en sens inverse. Il faut :

Le calmer de la voix, tout arrêter, défaire les longues rênes.

Ne pas punir, car le cheval se sentant coincé a déjà eu peur.

Remettre tout en place très calmement, et redemander un départ au pas sur le cercle pendant quelques foulées. Féliciter, s'arrêter avant un nouvel incident et rentrer le cheval au box.

S'organiser, prendre son temps...

PENSEZ-Y !

Les longues rênes doivent mesurer environ 8 mètres chacune.

Si les longues rênes coulissent mal dans les anneaux du surfaix, vos actions de main seront dures et imprécises. Remplacez une partie du cuir ou du tissu par de la corde (1,50 m), qui glissera beaucoup mieux. La plupart des longues rênes vendues maintenant dans le commerce sont ainsi faites, mais si ce n'est pas le cas, ce bricolage est facile à réaliser.

32

Il bouge au montoir

Manie désagréable. et dangereuse, car lorsqu'on se retrouve entre selle et terre, un mouvement intempestif du cheval peut vous déséquilibrer. Si le cheval se met à avancer, on peut rester coincé par le pied déjà engagé dans l'étrier.

Certes, les équidés, ces éternels chassés, ont l'instinct de se recroqueviller dès qu'ils sentent quelque chose se poser sur leur dos. Chez le jeune cheval, ce réflexe atavique est normal tant que le débourrage n'est pas vraiment terminé. Mais passé ce stade, le cheval a compris que l'on n'est pas un lion prêt à le dévorer. S'il bouge, c'est qu'il y a d'autres raisons.

Bien sûr, il y a le cheval impatient de démarrer. Celui-là est simplement mal élevé : on ne lui a pas appris à rester immobile au montoir. Il y a celui qui redoute le poids du cavalier : ce sont souvent des chevaux qui ont mal au dos, et qui savent que de nombreux cavaliers se laissent tomber en selle comme des sacs de pommes de terre. Le cheval peut aussi avoir une gêne ou une douleur (plaie de harnachement). Le cheval craint aussi le coup sur la bouche qu'il reçoit quand on rassemble brusquement les rênes, ou lorsqu'on se hisse en s'y accrochant un peu sans s'en rendre compte. Il y a aussi le coup de pointe de botte qui vient surprendre le cheval quand on engage le pied gauche dans l'étrier, et ladite pointe de botte qui chatouille le ventre lorsqu'on pivote pour passer la jambe droite (n'oubliez pas qu'une action de jambe à la sangle équivaut précisément à un ordre de mouvement en avant.)

Enfin, lorsque le cavalier ajuste ses rênes pour se mettre en selle, il est fréquent qu'il tende davantage la gauche. Il réalise alors sans s'en rendre compte une parfaite rêne directe d'opposition, qui a pour effet de faire pivoter les hanches à droite et d'amener la tête et l'avant-main à gauche en faisant même parfois reculer le cheval.

LES SOLUTIONS :

Un gros défaut, inadmissible chez un poney d'enfant !

Avec un jeune cheval, encore peu confirmé : faites-vous aider par au moins une personne, qui tiendra la tête. Éventuellement, une autre personne placée du côté hors montoir fera contrepoids en pesant sur l'étrier droit et aidera au contrôle de la situation.

Avec un cheval simplement "mal élevé" : il faut reprendre à la base la leçon du montoir. Armez-vous de patience : dès que le cheval bouge, grondez-le. Dès qu'il bouge moins, félicitez et caressez. S'il se remet à bouger, faites-le tourner sur un minuscule cercle. Arrêtez-le. S'il reste immobile, félicitez-le et essayez de vous remettre en selle. S'il y a encore mouvement, recommencez tout. Dans un manège (ou en extérieur) placez le cheval face à un mur : une petite tricherie qui facilite les choses…

Dans tous les cas, n'ajustez pas vos rênes : cela équivaudrait à un signal de départ.

On entend souvent préconiser d'ajuster davantage la rêne droite pour éviter que le cheval tournique. Cette méthode est dangereuse, car si le cheval tourne brusquement à droite au moment où vous vous mettez en selle, la force centrifuge vous empêchera de vous asseoir (ou alors vous seriez à l'envers sur le cheval, croupe devant vous). Si une rêne doit être un peu plus tendue que l'autre, c'est donc la rêne gauche.

PENSEZ-Y !

···➝ Lorsque vous êtes seul, ou si le cheval est grand, descendez un peu l'étrier, ou servez-vous d'un montoir (cube d'obstacle, grosse pierre.). Cela n'a rien d'infamant ! C'est une sécurité, et c'est le meilleur moyen de se mettre en selle en douceur, sans offenser la bouche et sans éprouver le dos.

33 Il est **froid à la jambe**

Certains chevaux sont "chauds", d'autres, "froids". Mais chaud ne veut pas dire agité ou nerveux : il y a des chevaux chauds très faciles à canaliser. Et un cheval froid peut être actif à la moindre sollicitation. Être froid n'est donc pas forcément un défaut et cela peut même être une qualité. Ce qui est défectueux, c'est le cheval froid à la jambe, ce qui signifie qu'il faut des aides plus fortes pour obtenir un effet.

Contrairement aux ânes qui sont naturellement enclins à ne pas se fatiguer, le cheval est un animal généreux, toujours prêt à se porter en avant. Pourtant, il y a des chevaux froids. Les entiers le sont souvent et le restent en général après castration.

On peut classer les chevaux froids en deux catégories : ceux qui "dorment", et puis ceux qui sont parfaitement éveillés mais ne veulent pas avancer.

Les premiers sont fatigués ou blasés, ils s'ennuient, ils sont las de la monotonie du manège ; ou ils ont simplement un tempérament lymphatique.

Les seconds ont une raison psychologique de refuser d'avancer : ils n'ont pas envie de quitter leurs congénères, ou l'écurie (avez-vous remarqué la vigueur du pas de votre cheval sur le chemin du retour?). Ou bien ils ont peur de quelque chose, tout changement les inquiète. Il est établi que sur un même parcours effectué au pas, le cheval met beaucoup moins de temps au retour qu'à l'aller. En randonnée, le cheval gagne environ une heure sur un parcours d'une trentaine de kilomètres connu par rapport au temps qu'il a mis la première fois pour effectuer ce même parcours aux mêmes allures.

Le cheval qui n'a pas envie d'aller quelque part est difficile à faire avancer : on a beau le pousser continuellement avec les jambes, il est semblable à une voiture dont de frein à main est légèrement serré. Ce qui est assez pénible pour le cavalier.

Le cheval mou est assez facile à réveiller : des jambes actives, un petit coup de cravache sur l'épaule, et c'est reparti, du moins pendant un certain temps. On peut aussi porter des petits éperons "Prince de Galles" qui ne pincent pas mais entretiennent l'impulsion. Avec l'inconvénient que le système risque de ne plus marcher au bout d'un certain temps, car le cheval finira sans doute par se blaser. Il faudra alors recourir à des éperons plus sévères, ce qui entame un processus d'escalade.

Le cheval "frein serré" est plus difficile à faire avancer car chez lui il ne s'agit pas d'un refus de l'effort mais d'un refus de couvrir du terrain. Si on le pousse, il fait mine d'être plus actif, mais ses foulées restent minuscules ! Il faut lui faire accepter l'idée d'aller de l'avant. Pour cela, vous pouvez vous faire accompagner par un autre cheval de la même écurie, qui marchera à côté ou devant votre monture. Ce "remorquage" marche assez bien avec les chevaux à caractère peu dominant.

Le cheval qui a peur de l'inconnu est réticent en extérieur, et parfois même s'arrête à chaque élément nouveau du paysage. C'est un cheval qu'il faut sécuriser, emmener énormément en promenade, de préférence avec un congénère. Si toutefois, sa froideur frôle le caprice, ne pas hésiter à le remettre vigoureusement en avant avec les jambes.

N'oubliez pas que la jambe du cavalier commence à la hanche et qu'en accompagnant le mouvement du cheval, votre bassin contribue grandement à l'impulsion.

Il suffit parfois de "réveiller" un cheval mou et sur les épaules avec une petite sollicitation à la cravache.

Un poney qui n'est pas blasé par les jambes !

PENSEZ-Y !

···› Agir sans arrêt avec ses jambes sous prétexte d'entretenir l'impulsion est le plus sûr moyen de rendre un cheval vraiment froid, en aboutissant à une inflation d'aides. La jambe doit être totalement passive tant que l'on ne demande rien. Dans une équitation de légèreté, l'idéal serait même qu'elle ne soit pas au contact ! Dans ce cas, le simple fait de la rapprocher du cheval pour qu'il la sente devrait suffire à le faire réagir. Nuno Oliveira lui-même avait le mollet éloigné des flancs du cheval pendant la plus grande partie de sa carrière. Ce n'est que tardivement qu'il a préconisé un très léger contact passif.

Dans toute forme d'équitation, et en particulier dans le domaine du dressage, l'impulsion doit être constante. La cravache ne doit pas être une aide d'impulsion (sauf pour l'amazone qui n'a pas de jambe à droite). Le cheval doit donc être prêt à se porter en avant ou à allonger l'allure à la plus légère sollicitation du cavalier.

Si l'impulsion fait défaut, il faut donc donner ou redonner la leçon de la jambe : si une action de jambe légère ne provoque aucune réaction immédiate, appliquer franchement la cravache en arrière de la sangle. Le délai doit être très rapide, car le cheval doit comprendre qu'il faut obéir "au vent de la botte".

En attelage, l'impulsion doit venir de la voix du meneur. Là aussi, lorsque l'impulsion fait défaut, il faut revenir aux bases : association de la voix et du fouet.

34 Il est **rétif**

C'est un cheval qui refuse le travail. La rétivité se traduit par le manque d'énergie et de générosité, parfois l'arrêt pur et simple, et, dans les cas les plus graves, l'acculement et le cabrer. À cet égard, le cheval rétif peut s'avérer dangereux.

Les causes de la rétivité sont plus souvent acquises qu'innées. Le cheval est un animal naturellement généreux. Son puissant instinct de fuite lui confère une aptitude au déplacement rapide. Cela dit, il existe des chevaux paresseux. Mais ne confondons pas le cheval froid à la jambe avec le cheval rétif. Celui-ci exprime un refus du travail.

Très souvent, c'est à la suite d'une souffrance de la bouche que le cheval se braque. Une mauvaise main sur une mauvaise embouchure peuvent suffire à rendre rétif à vie un cheval sensible. Un cheval peut aussi être rétif du fait d'une gêne ou d'une douleur au niveau du dos ou du système locomoteur. Bien sûr, il y a aussi de vieux routiers de manège devenus rétifs pour se soustraire à un travail dont ils sont totalement lassés.

DISTINGUONS DEUX CAS :

Le cheval simplement paresseux, qui frôle la rétivité par manque de générosité.

Le cheval vraiment rétif chez lequel apparaissent des défenses associées.

Chez le cheval très rétif, le problème majeur est celui de la cabrade. Étant donné le risque de renversement lié au fait de se pointer, un tel cheval est réservé aux cavaliers très expérimentés qui pourront gérer ce vice, voire le corriger.

EN CAS DE RÉTIVITÉ :

Si le cheval traîne ou s'arrête : redonner inlassablement la leçon de la jambe (action de

Un cheval qui commence à faire preuve de rétivité doit être repris en main énergiquement... par un cavalier confirmé !

jambe, puis, s'il n'y a pas de réaction immédiate, renforcement de cette action par un coup de stick énergique en arrière des sangles).

Si le cheval a tendance à se lever un peu : le faire tourner sur place pendant une dizaine de tours. Le cheval ne tardera pas à préférer la marche avant et se remettra en route, peut-être pas pour très longtemps, mais la répétition de la leçon peut le corriger petit à petit.

Si le cheval se met au reculoir : certains prétendent qu'il faut le laisser reculer jusqu'à ce qu'il se lasse ; je pense qu'il vaut mieux le remettre en avant avec la plus grande vigueur, sur des doigts ouverts, à l'éperon ou à la cravache. S'il n'y a pas de répondant instantanément, mettre le cheval sur un petit cercle qui "cassera" le mouvement rétrograde.

Si le cheval se braque à l'éperon : le mettre, là encore, sur un petit cercle et l'obliger ensuite à avancer.

PENSEZ-Y !

···> Certains cavaliers ont des actions de jambes continues (soit par manque de fixité, soit par désir de pousser le cheval) et favorisent la rétivité en blasant leur monture. On peut essayer d'éloigner légèrement la jambe du cheval, quitte à perdre le fameux contact. Certains chevaux marchent mieux ainsi.

Il trottine

Que c'est pénible de ne pas faire un seul pas au pas ! En tête, votre cheval fait le chef et trottine ; en milieu de colonne, il colle, en trottinant. En queue, il se laisse distancer et rattrape, en trottinant. À ce jeu, le trottineur se fatigue beaucoup – et son cavalier aussi, car ces allures bâtardes et ces continuels changements de rythme sont épuisants pour l'un comme pour l'autre.

Il y a beaucoup de raisons pour lesquelles un cheval trottine :

Il est impatient, pèche par jeunesse, excès de sang ou nervosité. C'est de l'impulsion, mais mal canalisée.

Il est coquin, il cherche à faire une bêtise, mordiller la croupe de celui qui précède, doubler.

Il veut être en tête : c'est souvent un entier ou une jument de caractère dominant, parfois un hongre.

Il est paresseux : il se laisse distancer en marchant mollement, puis, dès que le groupe est à cinq mètres, rejoint au petit trot, poussé par son instinct grégaire.

Il est mal équilibré : il est sur l'épaule, en permanence entraîné par son centre de gravité, en particulier à la moindre petite descente.

Il est mal monté : celui-là ne trottinerait pas si on ne lui tiraillait pas sur la bouche, si on ne le désorganisait pas avec des ballottements de jambes incohérents. Comprimé comme un ressort, il cherche à se dégager vers l'avant de cet inconfort dans sa bouche et de ces contrordres permanents.

Il est mal dressé : c'est l'un des précédents, chez qui on a laissé s'ancrer l'habitude de trottiner.

Dans un groupe, il faut éviter de laisser se créer des distances trop importantes.

LES SOLUTIONS :

Relâcher les rênes ! S'asseoir, se tenir droit, fixer sa jambe, reprendre avec les mains dès que le cheval se remet au pas et rendre aussitôt.

Si le cas est plus rebelle, résister sur une seule rêne ; le cheval tordra la tête, mais ralentira. Et se lassera...

S'il s'agit d'un jeune cheval, le faire travailler à côté d'un cheval calme, sur lequel il se réglera.

Il ne faut pas forcément chercher à ralentir le cheval, mais plutôt le pousser au pas. Comment? Voici un truc. Regardez l'épaule droite du cheval : lorsqu'elle avance, avancez votre hanche droite, ce qui a pour effet de plaquer votre jambe gauche sur le flanc du cheval. Exactement ce qu'il faut ! Car ainsi votre jambe gauche agit lorsque le postérieur gauche s'apprête à se lever. Ainsi vous "marchez avec votre cheval" à chaque pas. Avec un peu d'habitude, vous ferez cela sans y penser, et si vous avez soin de ne pas gêner le cheval dans sa bouche, il perdra l'habitude de trottiner. Bien sûr, dès que le résultat est obtenu, cessez d'agir car le cheval se blaserait en étant poussé en permanence.

PENSEZ-Y !

En matière de trottinement comme dans tous les domaines équestres, soyez rigoureux. Jamais c'est jamais, interdit c'est interdit. Pas de concessions à la facilité. Si vous êtes pressé ou que les circonstances vont inciter le cheval à trottiner, demandez vous-même un trot franc avant que votre monture ait le temps de commencer. Vous aurez sauvé la face !

Il "colle" derrière

Très agaçants ces chevaux qui ne peuvent se séparer de leurs congénères pendant un instant, vous empêchant d'aller voir à cent mètres si le chemin continue, risquant de vous faire attraper un coup de pied en reprise.

Pour les chevaux sauvages, rester avec le groupe, c'est la survie même. Toujours menacés par les prédateurs, les chevaux ont des réflexes instantanés : en cas d'alerte, tout le monde fuit au galop. Celui qui est à la traîne ou s'égare sera la proie facile d'un grand carnassier. Dans la nature, les chevaux doivent aussi effectuer de longs déplacements pour trouver de l'herbe verte et des points d'eau où s'abreuver. L'étalon-chef ou une vieille jument expérimentée guide la troupe, et tout le monde suit. Imaginez un instant que chacun aille de son côté, croyant détenir une meilleure adresse ! Ce serait la dissolution du troupeau, et donc immédiatement sa vulnérabilité. En outre, l'étalon surveille régulièrement les juments qui traînent un peu à l'arrière : elles pourraient être séduites et emmenées au passage par un autre étalon ! Quant aux poulains, ils "suivent" leur mère de près, et dès qu'ils s'éloignent, la jument les rappelle d'un petit hennissement.

Et voilà qu'une fois monté, on demande au cheval de rester à distance des autres ! C'est complètement anti-naturel, surtout à l'extérieur.

Le non-respect de la distance de sécurité entraîne un risque de coups de pied.

EN PRATIQUE :

On dit souvent que la distance de sécurité est celle qui permet de voir entièrement entre les oreilles de son cheval la queue du cheval qui précède. En pratique, c'est fallacieux car cela dépend de la taille du cheval, de la longueur de ses crins, etc ! Il est plus prudent de maintenir simplement une distance de 2,50 mètres.

Si l'on est trop près, il faut ralentir son cheval, ou faire une figure (volte ou doubler). Une fois replacé à bonne distance, il s'agit d'y rester. C'est un problème d'équitation (être très assis dans la selle, redresser le buste, résister sur les rênes de façon discontinue et si possible, alternative en agissant à propos.) Si l'on est au trot enlevé, repasser au trot assis pendant quelques foulées. Au galop, rester au galop assis à la moindre difficulté.

L'usage d'un pelham ou d'un goyoaga avec gourmette peu serrée ne remplacera pas une saine équitation, mais peut aider à un meilleur contrôle. Le cheval qui "colle" peut être dangereux.

Dans les cas urgents, le demi-arrêt même assez violent peut rappeler à l'ordre le cheval qui commence à prendre la main.

Seul un cavalier confirmé peut envisager de se désolidariser d'un groupe en cours de promenade. Dans ce cas, l'erreur serait de mettre pied à terre : à pied, vous risquez de ne pas pouvoir contrôler votre cheval, qui peut vous échapper.

Si toutefois vous êtes obligé de le faire, remettez-vous en selle avec un montoir pour éviter tout accident.

PENSEZ-Y !

→ L'instinct grégaire du cheval est satisfait dès lors qu'il n'est pas seul. La sagesse consiste donc, lorsqu'il y a une situation difficile ou risquée, de garder un cheval avec vous. Il est alors beaucoup plus facile de s'éloigner du groupe et d'y retourner dans le calme. En restant vigilant car les deux compères voudront quand même retrouver les autres !

37 Il arrache les rênes

Bien fatigant, le cheval ou poney qui arrache continuellement les rênes des mains en baissant violemment la tête. Si le cavalier n'y prend garde, il est brusquement tiré vers l'avant, et peut se trouver déséquilibré.

Bien souvent, le cheval arrache tout simplement les rênes pour manger. Vivant en écurie toute l'année, il transforme la moindre promenade en une séance de rattrapage !

Différent est le cas du cheval qui arrache les rênes pour échapper à l'action d'une main trop dure. Il peut arracher les rênes vers l'avant, en tendant l'encolure et en levant le nez.

Il peut aussi arracher les rênes vers le bas en faisant une brusque descente d'encolure. De nombreux poneys d'instruction et notamment des shetlands, se défendent ainsi contre des menottes inexpérimentées. Faute de force physique suffisante pour résister, les jeunes cavaliers, parfois surpris en plein galop, passent par-dessus les oreilles. Dans un cas comme dans l'autre, le phénomène peut se transformer en habitude.

AVEC UN CHEVAL SEVRÉ D'HERBE VERTE, OU SIMPLEMENT GOURMAND :

Lorsqu'il est au travail, le cheval ne doit pas manger. Ne laissez pas s'installer un petit jeu où vous tirez sur les rênes pour lui relever le nez, et où il tire vers le bas, et ainsi de suite. Une correction nette, deux ou trois fois, devrait suffire à lui faire comprendre qu'il y a des moments où manger est interdit…

AVEC UN CHEVAL EN DÉFENSE CONTRE LA MAIN :

Il peut y avoir un inconfort matériel dont les causes sont souvent très simples : l'embouchure convient-elle ? Au besoin demandez l'avis d'un professionnel.

Le cheval souffre-t-il d'une affection buccale ou dentaire ? (surdents) Voyez le vétérinaire.

Le cavalier a-t-il une indépendance des aides suffisante pour que sa main ne bouge pas ? Sa main n'est-elle pas trop autoritaire ? Il suffit parfois de tenir le cheval sur des rênes plus longues (quoique ajustées) pour régler le problème.

S'il s'agit vraiment d'une manie sans fondement réel, on peut la corriger en faisant "le pont" avec les rênes. Au moment précis où le cheval plonge, il va se punir lui-même en se donnant un violent coup sur la bouche. Il ne tardera pas à perdre sa mauvaise habitude.

Les jeunes enfants n'ont pas la force physique nécessaire pour appliquer cette méthode. Avec les petits poneys (shetlands etc.) un palliatif simple permet de limiter les tractions vers le bas : fixez une cordelette (ou une simple ficelle de lieuse) à l'embouchure, passez-la dans la têtière, et attachez-la à l'anneau situé près du pommeau (si la selle n'en comporte pas, attachez la cordelette au couteau porte-étrivière). Montez ce système des deux côtés, pour que le poney ne tourne pas brusquement, risquant de mettre l'enfant en déséquilibre.

Il peut s'avérer nécessaire de compenser les effets de ce système par l'adjonction d'une croupière pour éviter que la selle avance.

Le cavalier peut ainsi se trouver déséquilibré.

PENSEZ-Y !

···› Ne confondez pas le cheval qui arrache les rênes avec celui qui a besoin de faire de fréquentes descentes d'encolure. Ce dernier a peut-être une gêne au niveau de la colonne vertébrale.

38 Il **tire** ou il **“embarque”**

Un cheval qui tire, c’est ennuyeux. Un cheval qui “embarque”, cela peut être franchement dangereux. Ces deux défauts n’ont pas l es mêmes causes, mais leurs effets peuvent être similaires et les remèdes se rejoignent dans leurs principes...

Le cheval n’est guère fait pour sauter mais il est bâti pour courir.

Le cheval tire souvent au sortir de l’écurie, parce qu’il est gai ou n’a pas été suffisamment détendu à la longe. Il tire en cours de balade pour ne pas perdre les autres chevaux de vue (c’est l’instinct grégaire). Il tire parce qu’il a une bouche dure, une mauvaise embouchure, ou simplement parce que son cavalier tire ! Les tireurs sont souvent des chevaux qui manquent de force et de musculature, qui ont des défauts de conformation (encolure mal greffée, rein long et faible…) Ils tirent aussi parce qu’ils courent après leur équilibre : le cheval attelé prend appui sur la bricole, le cheval monté s’appuie sur la main du cavalier. Le cavalier affolé tire, lui aussi, ce qui renforce la possibilité d’appui… Différent est le cas du cheval qui “prend la main”. Dire qu’il est “emballé” est exagéré : le cheval vraiment emballé est rare et alimente surtout les romans. En réalité, le cheval “emmène” son cavalier. Il le fait le plus souvent sur le chemin de l’écurie. Il le fait aussi lorsqu’on a l’imprudence de faire la course avec un autre cavalier ou du moins d’en donner l’impression au cheval. Il peut aussi “démarrer” à la suite d’une frayeur, par jeu ou par simple plaisir. Le démarrage peut être assorti d’une série de coups de cul, ce qui évidemment ne met pas le cavalier dans des conditions propices pour réagir vite et bien.

DES MESURES DE SIMPLE BON SENS :

Ne jamais galoper sur le chemin du retour, ni à côté d’un autre cheval.

Ne jamais jouer au mauvais jeu de se laisser distancer par un cavalier ou un groupe pour rejoindre au galop.

Veillez à ce que votre cheval puisse toujours voir le groupe. Si le cheval qui le précède tourne dans un chemin, votre monture peut s'affoler et foncer pour rejoindre son "troupeau".

Si on monte un cheval chaud ou jeune, rester derrière un plus calme.

Avec un cheval dont vous n'êtes pas sûr, ne faites que des temps de galop courts, qui ne laissent pas au cheval le temps de "chauffer".

Équiper le cheval tireur d'une embouchure relativement sévère : un pelham est souvent une bonne solution – mal vue en France, mais couramment employée en Angleterre. La gourmette doit être peu serrée pour éviter le risque de cabrer.

AVEC UN CHEVAL QUI "TIRE" :

On dit toujours qu'un cheval à bout de rênes ne peut pas tirer ! Certes. Encore faut-il l'arrêter.

Restez très assis et très droit. Si vous vous penchez en avant, vous favorisez la vitesse (comme les jockeys).

Faire un "pont" avec les rênes : cela donne davantage de force.

Résistez sur les rênes avec une très grande force, mais pendant une fraction de seconde seulement. C’est ce qu’on appelle le demi-arrêt. Évidemment, une seule action suffit rarement. Il faut donc répéter ce demi-arrêt autant de fois que nécessaire, toujours en moins d’une seconde. Ce qui équivaut à rendre et reprendre, jusqu’à ralentissement et meilleur contrôle de la situation.

Si cela n’est pas efficace, résistez sur une seule rêne. Le cheval va tordre brutalement la tête, chasser les hanches, sans doute s’arrêter. Évitez d’appliquer la méthode trop brusquement si vous êtes sur le macadam.

Avant que la situation ne soit trop avancée, la voix peut être salvatrice : hoo hoo, holà…

ÉVITER L’ESCALADE :

Les chevaux prennent rarement la main d’un seul coup, sauf cas de peur soudaine, et encore. C’est pourquoi l’observation du cheval et la capacité d’anticiper ses projets sont essentielles pour la sécurité du cavalier et surtout du meneur d’un attelage.

Il faut détecter le moindre signe avant coureur, ce qui permet presque toujours d’éviter que le cheval prenne la main. Si le cheval hoche la tête, couche les oreilles, accélère le trot ou prend le galop de lui-même, soyez méfiant, et réagissez instantanément par un demi-arrêt en vous asseyant, tout en parlant au cheval (Hoo hoo…)

Dans un pré, on peut essayer de mettre le cheval sur un cercle… Et surtout, il faut “rendre et reprendre”.

LORSQU'ON COMMENCE À ÊTRE EMBARQUÉ, VOICI UNE MÉTHODE RADICALE :

Mettez-vous en demi-suspension, les pieds calés dans les étriers, légèrement en avant, les fesses touchant à peine la selle. Cette position vous donne de la force.

Calez une main sur le garrot.

Avec l'autre main, tirez très fort vers le haut, le coude calé sur vos côtes.

Le cheval est alors "verrouillé". Dès qu'il ralentit, arrêtez tout mais soyez prêt à recommencer s'il fait mine de repartir. Dès que le cheval est arrêté, rendez instantanément car si vous mainteniez cette pression à l'arrêt, le cheval se cabrerait.

Cette méthode est souverainement efficace, à condition de l'appliquer dès qu'on sent qu'on ne contrôle plus la vitesse, et d'avoir le courage de rendre vraiment tout de suite dès le résultat obtenu.

SI LE CHEVAL A PRIS LA MAIN :

Vous pouvez essayer l'une des nombreuses méthodes traditionnellement décrites dans la littérature équestre : exécuter avec violence les demi-arrêts expliqués plus haut, sur une seule rêne, en restant très assis. Résister alternativement sur une rêne puis une autre ("scier du bridon"); mettre le cheval en cercle dans un pré (il faut beaucoup de place) ; sur un chemin, tourner la tête du cheval d'un côté (au besoin les deux mains sur une rêne) et lui mettre le nez dans une haie, toujours sans se pencher en avant… le mieux serait de ne pas avoir à expérimenter l'efficacité de ces moyens. Soyez vigilant, pour intervenir précocement par la méthode décrite plus haut.

PENSEZ-Y !

Avec un attelage, il est essentiel de savoir observer et anticiper. De son siège, le meneur doit régulièrement observer son cheval. Si celui-ci se comprime sur lui-même, il s'apprête à faire une sottise. Votre réaction doit être immédiate au moindre signe avant-coureur. En attelage, la voix prend toute son importance, le meneur ne disposant pas de l'aide du poids du corps. Sauf exception, il est toujours préférable de mener un cheval embouché d'un mors à gourmette : sans offrir une garantie absolue, cela permet un meilleur contrôle.

39

Il “botte”

Le cheval qui tape (ou qui “botte”) est celui qui rue, c'est-à-dire qui donne des coups de pied avec les postérieurs. S’il donne des coups avec les antérieurs on dit qu’il “frappe”. Il y a les chevaux qui tapent leurs congénères, ceux qui tapent l’homme, et ceux qui tapent tout le monde.

Tous les chevaux, même ceux qui ne “bottent pas” peuvent le faire un jour ou l’autre si un congénère qui ne leur plaît pas s’approche trop.

À côté de ces botteurs occasionnels et somme toute pardonnables, il y a le véritable cheval qui tape, oreilles couchées et œil mauvais.

Le plus souvent, le “botteur” est une botteuse. En effet, les juments tapent beaucoup plus que les entiers ou les hongres. Le coup de pied est le moyen naturel dont dispose la jument pour repousser les avances de l’étalon lorsqu’elle n’est pas en chaleur.

Les chevaux entiers tapent moins que les juments. Ils se battent à coups de dents et frappent des antérieurs, la ruade n’intervenant qu’occasionnellement.

Dans la vie en liberté, les coups de pied font partie du dialogue entre chevaux. Si les menaces d’intimidation ne suffisent pas, on décoche une petite ruade et la hiérarchie est établie pour un certain temps. Tout cela n’est pas bien grave car d’une part les chevaux ne sont pas ferrés, d’autre part les dominés ont la possibilité de fuir si la situation devient trop risquée.

DANS LA VIE À L’ÉCURIE, LE PROBLÈME EST DIFFÉRENT :

Règle générale : on ne passe jamais derrière un cheval.

Le cheval qui tape l’homme est dangereux, et ne devrait pas exister dans l’établissement hippique, surtout si celui-ci est fréquenté par de jeunes cavaliers. Un tel cheval doit être

Dialogue normal entre chevaux... à condition qu'ils ne soient pas ferrés !

corrigé très fermement à la première incartade, et doit rester l'objet d'une grande méfiance.

Le cheval hargneux avec ses congénères doit être, lui aussi, corrigé très fermement dès que la moindre intention agressive se manifeste.

Tous les chevaux qui tapent doivent être signalés ; le classique ruban rouge à la queue reste d'actualité, mais ce code n'est pas forcément connu de tous. Rien ne vaut une mise en garde verbale et le rappel régulier des consignes de sécurité : chacun doit garder ses distances vis-à-vis de tous les chevaux, et tout particulièrement vis-à-vis d'un cheval connu pour taper.

Les chevaux de particuliers voyant peu ou pas de congénères peuvent se révéler soudain très agressifs lorsqu'on les confronte à d'autres chevaux. Prudence.

Ne jamais mettre ensemble au pré des chevaux qui ne se connaissent pas, même s'ils sont déferrés.

Déferrer systématiquement les postérieurs d'un cheval qu'on met au pré, même s'il connaît ses coéquipiers.

Ce sont souvent les chevaux les plus gentils avec l'homme qui se montrent les plus haineux avec certains congénères. Certains poneys de race primitive détestent les chevaux d'autres races ou d'autres robes.

Il est bon que les chevaux soient habitués très jeunes à sortir en groupe, pour qu'ils se "civilisent". Toutefois, si un cheval a un ennemi irréductible, faisons preuve de psychologie : inutile de rester à côté...

PENSEZ-Y !

Attachés, les chevaux sont plus agressifs car ils se sentent vulnérables. Redoublez de prudence quand vous circulez dans la cour du club !

N'importe quel cheval gentil peut ruer par peur ou par surprise. Le danger est le même, les précautions aussi. Notamment ne jamais surprendre un cheval en s'approchant sans prévenir.

40 Il **rue** ou fait des **sauts**

Nous regrouperons dans ce chapitre les ruades (dites "coups de cul") les sauts de mouton et l'ensemble des bonds de gaîté. Qui ne sont pas forcément dûs à la gaîté...

Les "coups de cul" lorsqu'ils ne sont pas trop secs, déséquilibrent relativement peu le cavalier. Les sauts de mouton sont beaucoup plus ennuyeux car ils provoquent un mouvement de catapulte qui projette le cavalier vers le haut et entraîne des chutes dures.

Le cheval fait des sauts de mouton ou des coups de cul pour diverses raisons.

Ce comportement est normal chez les poulains au débourrage (cette réaction étant le plus souvent due au sanglage). Le débourrage du jeune cheval doit se faire selon les règles de l'art, et ce propos sort du cadre de cet ouvrage.

Beaucoup de chevaux adultes continuent à faire "du rodéo" et c'est là qu'il faut envisager les différentes causes :

Le cheval a mal au dos : une lésion ancienne peut se décompenser. Un cavalier montant lourd, un enrênement mal mis peuvent suffire à réveiller une pathologie.

Les sauts de mouton peuvent être dûs à un inconfort au niveau de la selle ou de la sangle – surtout si le sanglage n'a pas été assez progressif.

Le cheval est plein d'énergie, et en début de travail – longé ou monté – il jette son feu d'écurie.

En promenade, le froid vif ou le simple plaisir de sortir en extérieur engendre les manifestations de gaîté. Celles-ci sont plus accentuées

de mouton

Une main dure
sur la bride suffit
parfois à provoquer
des défenses.

lorsque le cheval est avec des congénères. En outre, les bonds de gaîté sont éminemment "contagieux" ! Ils sont déclenchés par les allures vives, et en particulier par les départs au galop.

Si le cheval ne donne des coups de cul que lorsqu'il part en balade par une belle matinée d'hiver, il est probable qu'il ne s'agit que de bonds de gaîté. S'il le fait continuellement, même en manège, ou dans des cas particuliers (réception d'un obstacle, par exemple) il est sage de consulter un vétérinaire.

Il **rue** ou fait des **sauts**

QUELQUES PRÉCAUTIONS SIMPLES :

Un cheval jeune ou un peu vif doit être détendu avant une promenade. Cela peut se faire en manège (mais les chevaux font aussi les idiots en manège !). Le mieux est donc de détendre à la longe dix minutes à chaque main - ce qui n'exclut pas ensuite quelques tours de manège en selle avant de partir en extérieur.

Une fois en route, ne vous laissez jamais distancer pour rejoindre le groupe au galop. Restez proche des autres, sans "coller".

Pour faire un saut de mouton, le cheval met sa tête entre ses antérieurs et arrondit le dos. Il faut donc le surveiller : dès qu'il commence à baisser la tête, relevez-la lui vigoureusement, et empêchez le cheval de ralentir. Il faut maintenir le mouvement en avant car le saut de mouton sur place est beaucoup plus violent à encaisser.

Pour intervenir instantanément dès que le cheval baisse la tête, il faut avoir le réflexe - et donc

Lorsque les "coups de cul" deviennent une habitude, le cheval doit être systématiquement corrigé.

être attentif. C'est quand on est distrait que les chevaux font des bêtises.

Attentif ne veut pas dire crispé. La tension d'un cavalier qui a peur entraîne une tension chez le cheval.

Il est illusoire de compter sur les divers enrênements pour empêcher un cheval de ruer ou de faire des sauts de mouton. Seul l'enrênement des trotteurs de course, qui bloque leur balancier-encolure pour les empêcher de prendre le galop, peut être efficace contre les sauts de mouton mais ne peut raisonnablement s'employer que pour un cheval attelé.

PENSEZ-Y !

→ Contre les coups de cul en attelage, attacher la queue du cheval à la voiture. Tout simple, et efficace.

41

Il se **cabre**

Le cheval qui se cabre (qui “se pointe”, dit-on en jargon cavalier) réalise la plus dangereuse des défenses. Outre la chute simple du cavalier, il y a un risque que le cheval se renverse en arrière risquant d’écraser son cavalier. Un cheval pointeur ne devrait jamais être utilisé dans un club, et seul un très bon cavalier est à même de gérer un tel cheval.

Le geste du cabrer est absolument instinctif chez le cheval pour éviter un danger (c’est alors une esquive), mais aussi dans le cadre des affrontements entre étalons (c’est un signe de défi, et une posture de lutte). Les étalons combattant entre eux pour conquérir un harem effectuent toute une série de gestes de combat, le cabrer permettant tout d’abord d’impressionner l’adversaire, ensuite éventuellement de l’attaquer par des morsures à la base du garrot, et plus simplement de le boxer avec les antérieurs.

La cabrade est en outre le mouvement naturel qu’effectue l’étalon au moment de la saillie pour couvrir la jument.

Pour un cheval mâle, se cabrer est donc un geste totalement naturel. C’est pourquoi, la cabrade est nettement moins dangereuse de la part d’un cheval entier, qui dispose en outre d’une musculature importante au niveau de l’encolure. Celle-ci réalise un balancier permettant en général d’éviter la chute en arrière.

Le hongre ne dispose plus de cette masse musculaire et risque davantage de se renverser. Quant à la jument, elle se cabre assez rarement dans la nature. Les juments ne se boxent pas entre elles, elles s’expliquent à coups de pied et de dents. Lorsqu’une jument domestique se cabre, il s’agit donc d’une défense particulièrement forte, avec un risque de renversement majeur.

Pourquoi un cheval domestique se cabre-t-il dans le cadre de l’équitation? Ce peut être sous l’effet d’une peur, bien que celle-ci entraîne le plus souvent un écart, un arrêt-pile, une fuite.

Ce peut être aussi une manifestation de joie de vivre chez le cheval entier, notamment au printemps. L'entier peut aussi se cabrer par défi et par amusement lorsqu'il voit un congénère.

Mais dans la majorité des cas, le cheval se pointe parce qu'on lui tire sur la bouche ou parce qu'il n'est pas en avant. Le cabrer est en effet la forme la plus aboutie de la rétivité - même occasionnelle. Le cheval s'arrête, refuse d'avancer ou de coopérer, et fuit "vers le haut". Très souvent, il s'agit de chevaux qui ont la bouche sensible et qu'on offense avec une main trop dure ou un geste intempestif. Un grand nombre de cabrades proviennent d'une mauvaise équation main/impulsion. Trop de main, pas assez d'impulsion. Si la main ne laisse pas passer l'impulsion

vers l'avant, l'impulsion ira vers le haut.

Les lançades sont des débuts de cabrer, qui se terminent par un bond en avant. Elles sont beaucoup moins dangereuses que la cabrade vraie, puisqu'elles ne comportent pas le risque de renversement, mais peuvent évidemment désarçonner un cavalier ou déboucher sur un pointer véritable.

QUE FAIRE SUR L'INSTANT ?

La première chose à faire en cas de cabrer est de se jeter vers l'avant en avançant complètement les mains vers la bouche du cheval. C'est en s'accrochant aux rênes que le cavalier augmenterait considérablement le risque de renverser son cheval.

En mettant son poids vers l'avant – presque sur l'encolure - il charge celle-ci, limitant le danger et favorisant en même temps la "redescente" du cheval.

Pour éviter que le cheval se cabre à nouveau, il faut le remettre instantanément en avant en attaquant vigoureusement des deux jambes et en le mettant sur un cercle jusqu'au retour au calme.

Le jeune cheval peut se pointer lors des débuts de son dressage. Corrigé sur l'instant et vigoureusement remis en avant, cette défense peut ne plus se renouveler.

En attelage, c'est l'impulsion qui est salvatrice dès que le cheval fait mine de se pointer. Ne pas hésiter à se servir du fouet.

À TITRE PRÉVENTIF :

Une embouchure plus douce, une main plus ouverte qui laisse passer l'impulsion, des jambes plus actives qui ne laissent pas le cheval s'acculer… S'il y a une inadéquation entre le niveau du cavalier et le cheval, le risque de cabrer demeurera, et le cavalier risque toujours d'être pris au dépourvu.

Nous déconseillons l'emploi (souvent préconisé) de la martingale, censée limiter l'ampleur du cabrer. Le cheval risque de prendre appui dessus et de se renverser.

Le bon réflexe : se jeter en avant, lâcher les rênes.

COMMENT GUÉRIR CE VICE ?

Les vieux ouvrages fourmillent de recettes contre les chevaux cabreurs, car cette défense a toujours à juste titre inquiété les cavaliers. Citons à titre anecdotique la bouteille d'eau chaude cassée sur la tête du cheval, au moment psychologique, lui laissant croire qu'il vient de se fracasser la tête et que le sang coule. On ne voit pas très bien comment la méthode est réalisable…

On préconise aussi de mettre le cheval aux longues rênes et de le faire renverser volontairement. C'est peut-être un moyen de récupérer un cheval si c'est là sa dernière chance avant l'abattoir. Mais cette solution, dangereuse, ne saurait être envisagée pour un cheval auquel on tient.

PENSEZ-Y !

Dans l'immense majorité des cas et pour tous les clubs, nous ne saurions trop recommander de ne pas garder un cheval qui se pointe.

Il est **"sur l'œil"**

On appelle "sur l'œil" le cheval qui a peur de tout, qui est sans cesse aux aguets, inquiet et l'esprit en alerte. Un tel cheval est évidemment désagréable à monter, et constitue un danger pour son cavalier et pour lui-même.

Non seulement il a peur de choses classiquement redoutées par tous les chevaux (eau, bruits insolites) mais il a peur aussi de tout ce qui bouge autour de lui. Un chien dans la cour du club le fait sursauter, un oiseau qui s'envole, une feuille qui dépasse ou un papier poussé par le vent et le voilà qui pile ou qui fait un écart.

Presque tous les jeunes chevaux sont ainsi. C'est normal : ils n'ont jamais rien vu et leur instinct les pousse à se méfier. Ils obéissent à une attitude de survie. Méfiant, un cheval en liberté accroît ses chances d'échapper aux prédateurs, et le message s'est transmis de génération en génération.

Un cheval est normalement peureux jusqu'à l'âge de quatre ou cinq ans. Là où cela devient anormal et ennuyeux, c'est quand le défaut persiste au-delà de cet âge.

Le jeune cheval doit évidemment sortir le plus possible, et "voir du pays", de préférence en compagnie d'un cheval âgé et calme. C'est en étant confronté régulièrement à tous les éléments inconnus et inquiétants que le cheval apprendra à ne plus avoir peur et à reconnaître ce qui est inoffensif et ce qui est dangereux. Beaucoup de chevaux font un écart en direction de la route pour éviter un papier rouge ! Il faut donc qu'il apprenne le bon sens sans que vous en fassiez les frais.

EN PRATIQUE :

Évitez à tout prix la méthode forte, qui risque d'entraîner écarts, dérobades ou fuites en avant. Il faut familiariser le cheval avec son entourage en le rassurant. Pour cela, le mieux est de lui parler, de le caresser.

Surtout, ne le punissez pas s'il s'arrête ou fait un écart : une correction douloureuse ne ferait que lui confirmer qu'il avait raison d'avoir peur!

Laissez le cheval rênes longues. Les rênes tendues sont un signal : les cavaliers ajustent leurs rênes en prévision de quelque chose qui pourrait effrayer le cheval... et ce dernier comprend très bien le code! En outre, le cheval qu'on laisse rênes longues a la possibilité d'examiner ce qui l'effraie.

Faites-lui décrire des voltes qui insensiblement, le rapprochent de l'objet de sa peur. Il y aura un moment où il se bloquera, mais il aura progressé.

Au besoin, faites-le approcher en main, vous à pied, et précédez-le (sans vous mettre exactement devant pour éviter d'être bousculé). Si votre cheval a confiance en vous, il se rassurera : mon “leader” y va, je peux y aller...

IMPORTANT :

Il est fréquent que le cheval, pour fuir un objet anodin, se précipite vers un danger réel : route, mare. Il faut lui tourner la tête vers ce danger qu'il n'avait pas vu et que son instinct lui fera éviter, oubliant l'autre crainte. S'il y a un épouvantail à gauche et un précipice à droite, utilisez votre rêne droite.

En compétition, essayez d'anticiper les réactions d'un cheval sensible confronté à un environnement inconnu.

PENSEZ-Y !

→ Certains chevaux restent peureux à vie. Vous ne pouvez qu'éviter de les confier à des cavaliers inexpérimentés, que renoncer à les atteler et rester aux aguets en essayant d'anticiper ce qui va leur faire peur.

43

Il a **peur du trafic**

Voilà un cheval plein de bon sens. Mais si la prudence est mère de la sûreté, la peur irraisonnée peut être mauvaise conseillère. Le cheval doit apprendre à cohabiter avec le trafic automobile.

La crainte que manifeste le cheval face aux voitures n'est pas raisonnée : ce qui lui fait peur, ce n'est pas le danger réel que pourrait présenter une collision. Il a peur d'une chose mal identifiée, mouvante ou bruyante, d'une couleur qui le surprend. Il peut avoir tout aussi peur - voire davantage peur - d'une voiture arrêtée que d'une voiture en marche. On voit fréquemment des chevaux habitués au trafic se faire doubler par un poids lourd sans broncher et faire un écart devant une voiture stationnée aperçue brusquement dans un endroit inhabituel. Il suffit que la voiture soit vue à la nuit tombante ou à contre-jour, ou que le cheval ne l'ait pas repérée de loin. En effet, le cheval a un champ visuel rétréci, et lorsqu'un objet entre dans ce champ visuel, il donne l'impression de “surgir” brusquement.

Le cheval peut également craindre le bruit soudain d'un klaxon, ou le souffle provoqué par une voiture qui passe trop vite. Bref, ses réactions sont, comme toujours, celles d'un éternel “chassé” qui se méfie de tout ce qui bouge au loin, et plus encore de tout ce qu'il repère brusquement près de lui. Notamment les panneaux de signalisation routière, qui lui font souvent faire un écart - sur la chaussée !

Pour un jeune cheval qui n'est pas habitué au trafic comme pour un cheval moins jeune mais peureux, il faut banaliser les choses par une accoutumance progressive.

Emmenez votre cheval, tenu en main, dans la cour du club pour qu'il fasse connaissance avec tous les véhicules possibles : autos de di-

Le code de la route stipule que les cavaliers doivent marcher à droite de la chaussée.

vers gabarits, motos, vélos, camions (ne ratez pas les livraisons), tracteurs. Passez et repassez au pas, cheval en main, à côté des véhicules. Demandez aux conducteurs de laisser tourner le moteur (caressez le cheval et parlez-lui) puis, de démarrer (bruit différent et soudain). Enfin, de klaxonner.

Après cet apprentissage dans un lieu familier, emmenez votre cheval sur une petite route, toujours tenu en main. Marchez sur le bas-côté droit et caressez le cheval. Habituez aussi votre monture aux panneaux de signalisation et aux rubans de balisage de travaux, rouges et blancs, qui claquent au vent.

Mais même quand votre cheval sera familiarisé avec tout cela, restez méfiant car il peut toujours s'effrayer d'une chose connue qui lui apparaît sous un jour différent. Essayez de "penser cheval" ! Mais aussi de "penser automobiliste" : signalez-vous de façon lumineuse si vous sortez en balade l'hiver (la nuit tombe vite) et n'hésitez pas à faire signe de ralentir d'un mouvement de bras.

Pour le cheval d'attelage,
amené à circuler sur route, l'indifférence totale au trafic est indispensable. Cette éducation préalable doit être particulièrement rigoureuse.

PENSEZ-Y !

···› En attelage, les œillères ne constituent pas une "assurance tous risques". Certains chevaux ont moins peur lorsqu'ils voient latéralement. Il faut tester longuement les réactions du cheval garni mais non attelé, avec et sans œillères, et ne pas hésiter à les supprimer.

44

Il a **peur de l'eau**

Il voit une flaque d'eau sur le chemin : il fait un écart. Il voit un ruisseau : il pile. Traverser une rivière, c'est carrément exclu. Mais de quoi a-t-il donc peur ?

Non, il n'a pas vraiment peur de l'eau : il a peur de s'enliser! Les lourds mammouths de la Préhistoire mouraient englués dans les lacs de bitume. Plus tard, les ancêtres du cheval craignaient les tourbières, où leurs petits pieds s'enfonçaient profondément. Le cheval a gardé un vif instinct de détection des marécages : c'est bien souvent lui qui s'arrête lorsque le terrain est douteux, alors que le cavalier ne l'a pas remarqué. Les chevaux s'énervent aussi dès qu'ils mettent le pied sur un sol détrempé, au voisinage d'une mare par exemple. C'est la raison pour laquelle ils répugnent à descendre dans un ruisseau : ce qui les rebute, ce sont les abords. Une fois qu'ils y sont, ils n'ont plus peur de l'eau, ils s'y attardent pour boire, et souvent même ils s'y roulent!

Même chose au bord de la mer : ce sont les vagues, leurs mouvements et leur bruit qui les effrayent. Une fois habitués, les chevaux entrent dans la mer sans difficulté. Quant aux flaques, ce sont plutôt leurs reflets qui incitent le cheval à piler - exactement comme il le ferait devant un papier aluminium ou un épouvantail.

EN PRATIQUE :

Pour les flaques, il faut bien encadrer son cheval dans les aides et passer au pas, en lui laissant le temps de regarder. Si l'on veut simplifier, on peut mettre au cheval une muserolle "cache-vue" en mouton. Mais cela n'aura rien de curatif.

Pour les ruisseaux, il est plus facile d'éduquer le cheval derrière un congénère qui va à l'eau sans problème. Choisissez un endroit ou l'abord est très plat et sablonneux. Approchez-vous au pas, en restant bien derrière le maître d'école. Parlez à votre cheval pour le rassurer. Poussez-le vigoureusement avec vos jambes, donnez au besoin un petit coup de cravache.

Ne luttez pas trop longtemps : allez à pied devant lui !

Si toutefois les refus sont répétés, inutile de commencer une lutte stérile. Il est plus rationnel de mettre pied à terre et d'entrer vous-même dans l'onde (vive les bottes en caoutchouc!) en tenant le cheval à bout de rênes, sans le regarder. Soyez très naturel dans votre attitude, car lorsque vous êtes à pied, le cheval doit vous considérer comme un congénère dominant. Et ce congénère n'a pas peur de l'eau! Restez bien sûr à côté : le cheval, s'il se décide brusquement, pourrait sauter; ne soyez pas dans sa trajectoire.

L'aide d'une personne stimulant le cheval par l'arrière peut être déterminante.

Une fois que le cheval aura mis un pied dans l'eau, c'est presque gagné. Encouragez-le d'une voix sonore, au besoin houspillez-le (curieusement, le fait de crier décide souvent le cheval). Caressez-le ensuite.

Quant aux tourbières et marécages, n'essayez pas d'y entraîner votre cheval : il a parfaitement raison d'en avoir peur! Respectez son instinct.

En attelage, soyez méfiant : très logiquement, le cheval peut décider de passer un ruisseau en sautant. Habituez votre cheval ou vos chevaux à passer l'eau en commençant par des rivières très larges, à fond plat, qui n'incitent pas à sauter.

PENSEZ-Y !

Il est toujours déconseillé de se livrer devant le ruisseau à traverser à une bagarre interminable. Cela épuise tout le monde, dégrade les relations cheval-cavalier, et déstabilise la selle : on a vu des gonfles et des érosions de garrot provoquées par seulement quelques minutes de lutte serrée.

Il fait demi-tour

Déstabilisant pour le cavalier, dangereux dans certains types d'attelage et parfois suivi d'un départ au galop, le brusque demi-tour est souvent dû à la peur mais peut aussi constituer une forme de rétivité. Une désobéissance qu'il ne faut jamais tolérer.

CAUSES POSSIBLES :

Le cheval fait demi-tour par peur ou par surprise face à un objet jugé inquiétant. C'est un réflexe logique d'évitement. En général, le cheval s'arrête au bout de quelques mètres. Il arrive toutefois qu'il parte au galop dans la direction du retour. C'est alors une association instinctive peur-fuite.

Le cheval fait demi-tour par désir de retourner à l'écurie. Chez certains chevaux, il s'agit d'un véritable vice : ils profitent de chaque carrefour ou bifurcation pour essayer de rebrousser chemin. Le cheval dépaysé (en randonnée par exemple) peut développer cette manie dans des lieux inconnus et ne plus jamais recommencer une fois revenu sur ses itinéraires habituels.

Le cheval peut faire demi-tour pour retrouver un groupe ou un congénère resté en arrière. C'est alors d'instinct grégaire qu'il s'agit.

Dans le demi-tour, il faut éviter le risque de cabrer.

PRÉVENIR ET RÉAGIR :

Le cheval qui envisage de faire demi-tour manifeste une certaine tension, et un ralentissement de sa cadence. Parfois, il "se comprime" sur lui-même (on voit se former des petits plis de peau sur l'encolure, juste devant le garrot). Par l'observation attentive d'un cheval craintif ou peu sûr, et aussi par la bonne connaissance de son propre cheval, on peut souvent éviter le demi-tour. Il faut réagir promptement, rassurer, ou remettre aux ordres avec les jambes ou le fouet, et surtout la voix.

Si le cheval fait demi-tour par peur, ne pas le corriger. L'arrêter immédiatement, lui parler, le rassurer, le remettre dans la direction "inquiétante" et l'obliger à passer (au besoin tenu en main). En attelage, le groom s'en chargera avec promptitude et tact.

Si le cheval fait demi-tour par caprice ou paresse : il doit être immédiatement sanctionné car cette mauvaise initiative pourrait se transformer en habitude, puis en vice solidement ancré. Dès le demi-tour effectué, arrêter le cheval sur place, le corriger, et le remettre vigoureusement en avant dans la bonne direction, sans tirer sur les rênes pour éviter acculement et risque de cabrer.

Rester méfiant : le cheval va sans doute recommencer. Et se souvenir qu'une habitude oubliée peut ressurgir des mois plus tard…

Dans tous les cas : toujours obliger le cheval à reprendre la bonne direction sans le laisser faire un tour complet; par exemple, s'il a fait demi-tour en dérobant vers la gauche, l'obliger à revenir vers la droite. C'est-à-dire ne pas l'autoriser à reprendre le chemin voulu en terminant son tour vers la gauche – ce qui serait une solution de facilité (puisque le cheval est dans le mouvement vers la gauche) mais anti-éducative.

Si le cheval prend la main dans la direction du retour : réagir instantanément par un demi-arrêt pour éviter à tout prix une situation d'escalade.

PENSEZ-Y !

Dans un attelage à un ou en paire, le demi-tour est difficilement réalisable, car le cheval est bloqué par les brancards ou par son coéquipier. Toutefois, une tentative de demi-tour peut créer le désordre. En revanche, dans un attelage à quatre, les chevaux de volée peuvent tenter un demi-tour. Dans un tandem, le demi-tour du leader (qui se retrouve parallèle au wheeler) met l'attelage en situation critique. N'atteler que des chevaux bien dressés et réellement soumis.

46 Il se **débride**

Il y arrive ? Mais oui, très bien ! La sous-gorge ne sert à rien (les brides américaines et espagnoles n'en ont souvent pas) et même un ajustement parfait de l'ensemble n'empêche pas certains chevaux de "déposer" leur bridon dans la sciure du manège le plus gracieusement du monde.

Le serrage d'une muserolle française n'empêche pas le cheval de se débrider...

Les causes? La bonne farce, assurément. Ce sont presque toujours des poneys qui font ce genre de choses. D'une part, à cause de leur caractère joueur, d'autre part à cause de l'abondance de leurs crins. La têtière, posée sur un épais matelas de crins, n'est plus assez à distance de l'extrémité des oreilles. Distance vite franchie avec quelques coups de tête adroits.

Évidemment, il peut y avoir, comme toujours, une gêne du bridon et le désir alors légitime de s'en débarrasser. Mais ce cas est rare : on a vu de vilaines plaies de harnachement chez des chevaux qui, justement, ne se débridaient pas du tout et souffraient en silence. Dans l'immense majorité des cas, le débridage n'est donc qu'un jeu qui n'amuse pas du tout le cavalier et encore moins le meneur.

IL EST INUTILE DE :

Corriger le cheval : l'association d'idées serait trop floue.

Serrer la sous-gorge ou la muserolle française ; seule une muserolle allemande très serrée peut limiter la chute du bridon au sol, mais ne pas empêcher la têtière de s'enlever. Mesure illusoire donc pour la sécurité, et qui comporte le risque de faire trébucher le cheval.

IL EST UTILE DE :

Raser le passage de têtière chez les chevaux à crins abondants (poneys, chevaux ibé-

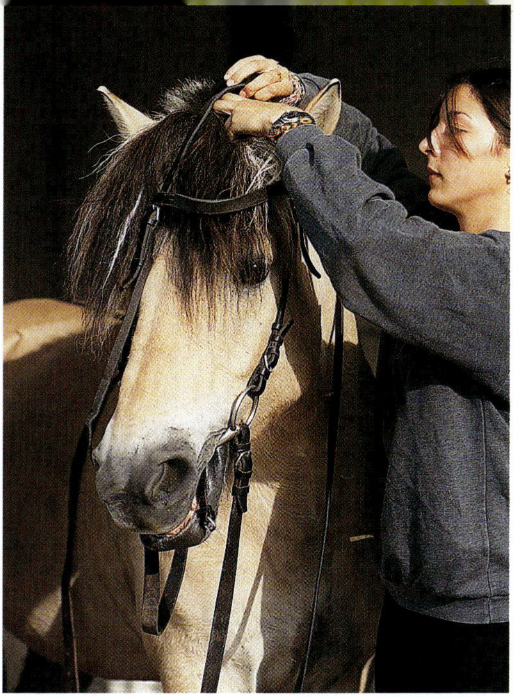

Crins abondants, poney coquin ? Soyez méfiant !

riques). Il suffit de raser sur trois centimètres la base de la nuque, là ou passe la têtière. Cela ne se remarque pas. Toutefois, cette précaution n'est pas absolue et ne suffit pas avec un cheval bien décidé à se débrider.

Pour plus de sécurité et notamment pour l'attelage, faire une petite tresse avec une mèche du haut de la crinière. Fixer un ruban ou un cordon solide (d'une cinquantaine de centimètres) à la base de la mèche. Tresser à deux brins de crins, avec le ruban ou le cordon en troisième brin. Arrêter la tresse avec un élastique fort, en laissant l'extrémité du cordon libre. Puis fixer solidement le brin restant du ruban ou cordon à la têtière, qui se trouve ainsi bien bloquée. L'ensemble sera discret si vous utilisez un ruban de la même couleur que la crinière.

Cette mesure palliative peut à la longue s'avérer curative, car le cheval ne pouvant plus se débrider oubliera peut-être son jeu. Restez quand même méfiant !

PENSEZ-Y !

→ La transpiration et le grattage qu'elle induit peuvent avoir des conséquences inattendues. J'ai connu une jument d'attelage qui, dès qu'elle s'arrêtait et avait transpiré, se débridait en se grattant sur le timon : celui-ci soulevait littéralement la têtière, et en reculant légèrement la tête, la jument se débridait en un instant, sans doute involontairement.

47

Il se **roule**

Le cheval qui s'arrête, gratte le sol et se laisse brusquement choir, au risque de coincer la jambe de son cavalier provoque un grand agacement. Surtout si le terrain est boueux et la culotte, blanche. Non content d'être couché, le cheval enchaîne en se roulant d'un côté sur l'autre.

Contrairement à certaines habitudes qui découlent du jeu, le "roulage" correspond chez le cheval à un besoin de se gratter ou de se détendre. Un cheval remis au pré ou au box après le travail se roule presque tout de suite. En faisant cela, il détend les muscles de son encolure et de son dos (surtout s'il a travaillé en manège dans une attitude ramenée). Il réalise en outre un massage qui réactive la circulation sanguine au niveau des zones compressées par la selle et la sangle.

Par ailleurs, le roulage permet au cheval de se gratter. Lorsqu'on a lavé entièrement un cheval, il n'a qu'une idée c'est de se rouler immédiatement dans la poussière ! C'est parce que l'eau, en séchant, démange. La transpiration, en séchant, gratte encore plus car elle est acide et salée. C'est pourquoi un cheval remis au box encore un peu humide se roule systématiquement dès que la sueur commence à durcir.

Il est rare que le cheval se roule quand on le monte. Mais la traversée d'un cours d'eau donne aux chevaux une irrésistible envie de se rouler dans l'onde. Il y a aussi des chevaux qui n'hésitent pas à se rouler en manège et en carrière. Il s'agit alors de cas particuliers : gêne occasionnée par la selle ou le tapis, transpiration très acide, ou simple manie - alors difficile à corriger !

MIEUX VAUT PRÉVENIR :

En général, le cheval ne se roule pas sans crier gare : il existe des signes précurseurs.

Dans l'eau, soyez très méfiant. Si le cheval commence à gratter la surface de l'eau avec un antérieur, attention : roulage imminent !

Les chevaux se roulent souvent dans l'eau : soyez attentif aux moindres signes précurseurs !

En manège, méfiez-vous si votre monture hume le sol. Dans un cas comme dans l'autre, remettez le cheval très vigoureusement en avant avec vos jambes.

Si vous n'avez pas été assez rapide dans vos réflexes et que le cheval a commencé à s'agenouiller, réagissez encore plus vigoureusement de la voix, au besoin servez-vous de vos éperons ou de votre cravache (ou de votre fouet s'il s'agit d'un attelage). En général, le cheval n'achève pas sa manœuvre et se redresse.

Si vous n'avez pas pu empêcher le cheval de se coucher, dégagez vos pieds des étriers et sautez à bas de votre selle pour éviter d'avoir une jambe coincée sous le cheval. Obligez celui-ci à se relever immédiatement car s'il se roule sellé, l'arçon risque d'être irrémédiablement endommagé.

En attelage, portez-vous immédiatement à la tête du cheval.

Pour obliger un cheval à se relever, allez à la tête, et faites-lui peur avec de grands gestes et des cris. Au besoin, donnez-lui des claques sur le plat de la joue. Méfiez-vous de la brusquerie avec laquelle il se relèvera : on est toujours surpris de la distance à laquelle le cheval étend ses antérieurs lorsqu'il se relève (surtout l'antérieur du côté où il est couché). Restez hors de leur portée.

Dans tous les cas, corrigez immédiatement le coquin pour ne pas laisser cet incident devenir une habitude.

PENSEZ-Y !

Évitez de vous arrêter lors de la traversée d'un ruisseau. Si vous voulez laisser votre cheval boire, faites-le avant ou après la traversée.

48

Il se défend **contre la main**

Sont regroupés dans ce chapitre les différents cas où le cheval est gêné par la main du cavalier. Mais comme les mêmes causes ne produisent pas forcément les mêmes effets, il en résulte des phénomènes variés : le cheval bat à la main, encense, porte au vent, s'encapuchonne, grince des dents, passe la langue par-dessus le mors, etc.

Tout cela est évidemment l'antithèse de la décontraction de mâchoire, chère à Baucher et clef de voûte de toute équitation. Mais l'art est difficile, tous les cavaliers ne sont pas aussi habiles les uns que les autres, tous les chevaux ne sont pas arrivés à ce niveau de dressage, ou l'ont perdu... Les chevaux passent par des phases d'apprentissage, de résistance, de régression. Les cavaliers n'ont pas toujours l'assiette qui permet l'indépendance des aides, les connaissances techniques, le tact...

Bref, les mâchoires se contractent, les têtes des chevaux s'agitent et les humains hochent la leur avec perplexité.

Non, il n'existe pas – pas vraiment - de remède à toutes les défenses du cheval contre la main. Lorsque le cheval a trouvé la position de confort et travaille dans la totale décontraction, prêt à répondre à la moindre sollicitation du cavalier, tous ces problèmes s'évanouissent. En attendant, il y a quelques palliatifs.

Finalement, le choix de l'embouchure n'est pas aussi déterminant qu'on l'entend souvent dire. En France, un cavalier qui utilise un pelham ou un goyoaga est regardé comme un bourreau. Seul le filet est noble (la bride étant un cas à part.) En réalité, il n'y a pas de mauvaise embouchure : il n'y a que de mauvaises mains. Mais il est certain qu'une main douteuse fera moins de dégâts avec un gros filet qu'avec un mors à longues branches. Encore faut-il que cette embouchure aille au cheval : trop large, trop petite, trop mince, ajustée trop haut ou trop bas, pinçant la langue

ou les commissures… le cheval se défendra, plus ou moins timidement, et les défauts qui nous occupent apparaîtront à plus ou moins court terme.

Le cheval qui bat à la main est en défense contre ladite main. Il secoue la tête en rythme, parfois par saccades, de bas en haut, encense violemment, recommence… Même si cette rébellion est justifiée à la base, elle peut devenir par la suite une manie qui persiste. Il faut un long travail de redressage pour qu'elle disparaisse.

Le cheval qui encense hoche périodiquement la tête, d'un grand mouvement de bas en haut rappelant le geste de l'enfant de chœur agitant un encensoir. Ce faisant, il arrache les rênes des mains de son cavalier qui s'y cramponne pour éviter la récidive, installant un cercle vicieux.

Une martingale ordinaire (fixe ou à anneaux) limite l'ampleur du mouvement. Les rênes allemandes sont utiles puisqu'elles permettent au cheval de trouver un appui.

48 Il se défend **contre la main**

LE CHEVAL QUI PORTE AU VENT :

C'est un cheval qui se défend contre la main en cherchant à s'échapper vers le haut.

Il y a aussi des chevaux dont la conformation défectueuse (encolure "de cygne" ou mal attachée) favorise l'attitude de la tête vers le haut. Le dressage bien conduit est censé modifier cet état de choses (dans la mesure où la conformation le permet) à mesure que le cheval acquiert parallèlement une meilleure musculature dorsale.

Le problème est différent lorsqu'un cheval ayant eu un dressage normal continue de garder le nez en l'air : c'est alors une lutte contre la main.

L'emploi des rênes allemandes ou mieux du gogue (de préférence commandé) aide à mettre le cheval en place - du moins pendant un certain temps...

LE CHEVAL QUI S'ENCAPUCHONNE :

Le cheval cherche à se soustraire à l'action de la main en s'échappant vers le bas, et refuse l'appui.

L'encapuchonnement vient de l'excès de main allié à un manque de jambes. Le cavalier pèche par zèle, recherchant une mise en main laborieuse, et ne réalise pas forcément que le cheval est en train d'aller trop loin. Ayant l'impression que son cheval est sur la main, il se contente de cette attitude, qui va bientôt s'exagérer jusqu'à l'abandon de tout appui. Le cavalier doit se servir davantage de ses jambes et de son assiette, en travaillant devant une glace ou mieux avec un bon instructeur.

Le cheval qui grince des dents, comme celui qui fouaille de la queue, exprime sa nervosité et son mal être. La localisation de la nervosité au niveau de la mâchoire interdit évidemment toute idée de légèreté !

Mais le lieu de départ de la contraction n'est pas forcément la bouche : il peut y avoir une douleur dorsale ou cervicale, une contrariété due à l'usage de l'éperon, une gêne de harnachement…

Il faut détruire le foyer des contractions, où qu'il soit situé.

Les filets en caoutchouc sont déconseillés dans ce cas, le cheval ayant tendance à mâchouiller cette matière à la fois molle et résistante.

L'encapuchonnement : le cheval cherche à se soustraire — vers le bas — à la main du cavalier.

La bouche muette est couramment acceptée sur les rectangles de dressage. Du moment que le cheval est "en place" peu importe que les mâchoires soient serrées. Pourtant, un cheval à la bouche totalement muette n'est pas décontracté, ce que les juges devraient prendre davantage en compte.

Les embouchures revêtues de cuivre sont réputées faire saliver, donc aider à la décontraction de la mâchoire.

Le filet Baucher réalise souvent un excellent compromis entre le filet classique et le mors sans gourmette, réalisant un très léger effet de bascule.

La suppression pure et simple de la muserolle aide le cheval à être libre dans ses mâchoires.

Il se défend **contre la main**

Le cheval bavard : il exagère ses mouvements de mâchoire : ce n'est plus de la décontraction, c'est de la nervosité. C'est une défense contre une main qui en fait trop…

Les muserolles allemandes ou italiennes qui ferment la bouche du cheval, atténuent ce défaut – et favorisent le précédent.

LA LANGUE PASSÉE PAR-DESSUS LE MORS :

Lorsque le cheval passe la langue par-dessus le mors, il devient incontrôlable. Les entraîneurs de course ont coutume d'attacher la langue des chevaux avec un collant, (lien souple et ne risquant pas de blesser le cheval).

La première précaution, toute simple mais essentielle, est de bien ajuster l'embouchure. Si

L'usage d'un mors anti-passe-langue peut s'avérer très efficace.

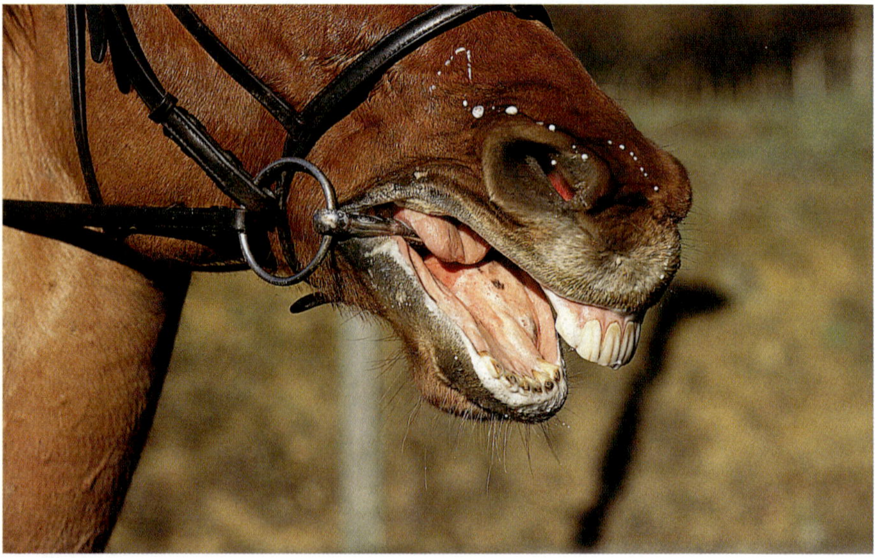

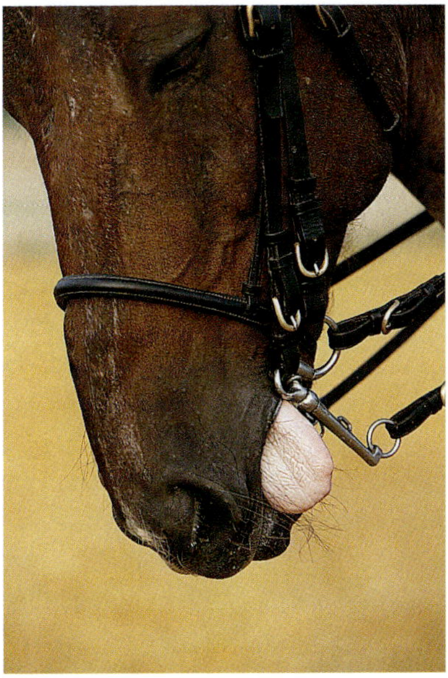

La langue serpentine est souvent le fait des chevaux âgés et mous.

elle pend trop bas dans la bouche, c'est une invite à passer la langue par-dessus et bien méritant est le cheval qui ne le fait pas! De toute façon, une embouchure pendant trop bas gêne les dents, les heurte, et incite le cheval à se défendre contre la main, à encenser, à s'énerver. Une embouchure bien ajustée doit légèrement retrousser les commissures des lèvres, en ne faisant pas plus de deux plis de peau.

Si le défaut persiste, utiliser un mors anti-passe-langue. Il en existe de très nombreux modèles, et certains sont très efficaces.

LA LANGUE "SERPENTINE" :

La langue serpentine (expression imagée) sortant de la bouche du cheval sur le côté, est inesthétique. Elle est souvent le fait de vieux chevaux de manège, lassés du travail et manquant de tonus musculaire.

Une muserolle croisée assez serrée peut limiter ce défaut.

PENSEZ-Y !

Si le cheval ne supporte pas une embouchure, il peut y avoir une cause physique : douleurs dans la bouche, surdents. On peut essayer un hackamore; attention, employé par une main dure, l'instrument est violent, et peut amener un cheval à se cabrer. Le hackamore n'est pas la réponse aux problèmes d'équitation; il n'est une réponse qu'à une sensibilité particulière dans la bouche.

49

Il ne reste **pas immobile**

C'est avant tout un défaut grave pour le cheval d'attelage. Mais il est bien désagréable aussi pour un cavalier d'avoir une monture qui ne supporte pas de rester immobile sur place quelques minutes, le temps de parler à quelqu'un ou de lire une carte.

Certes, les chevaux sont faits pour bouger (fuites, longs déplacements à visée alimentaire). Mais ils sont capables aussi de rester immobiles de longs moments, notamment pendant les heures chaudes de la journée, lorsqu'ils sont en confiance. Aucune excuse donc pour le cheval qui ne tient pas en place, tournique, recule, se gratte (car il a transpiré) et manifeste une impatience continuelle. Attelé, un tel cheval pose un vrai problème : la voiture avance, ou pire, recule. Le groom doit aller à la tête de l'attelage pour éviter les diverses conséquences de ce remue-ménage. S'il est seul, le meneur doit lui-même descendre de voiture.

Il s'agit d'un problème d'éducation du cheval. Comme c'est si souvent le cas, les éleveurs et les dresseurs oublient une partie de leur mission. On apprend au jeune cheval à sauter des barres, mais on néglige des choses simples, comme le respect du montoir, de la marche en main ou de l'arrêt.

Mais il faut avouer aussi que bien souvent, ce sont des actions de main intempestives du

Le respect d'une immobilité absolue s'acquiert aussi à pied, le cheval apprenant à associer les gestes et la voix.

cavalier ou du meneur qui incitent le cheval à bouger.

QUEL QUE SOIT LE STADE DE L'ÉDUCATION DU CHEVAL, LE PROCÉDÉ SERA LE MÊME :

Avec la collaboration d'un aide, il faut multiplier les occasions de s'arrêter et d'imposer sa volonté. L'aide se place en face du cheval. Le cavalier ou meneur reste à sa place. Chaque ébauche de mouvement sera sanctionnée d'une tape sur le chanfrein.

Inutile de "punir" par un coup de cravache ou de fouet qui ne ferait que faire gicler le cheval vers l'avant. La tape sur le chanfrein est explicite et provoque plutôt un mouvement de retrait instinctif.

Au début, se contenter de quelques secondes d'immobilité, caresser et repartir immédiatement pour ne pas laisser au cheval le temps de gagner. Recommencer les arrêts fréquemment, très courts au début, puis de plus en plus prolongés.

Ne pas oublier la descente des aides `(cessation de toute action de main ou de jambes) dès que le cheval s'est arrêté de bonne grâce, et ce pendant toute la durée de l'arrêt.

Le dressage est toujours plus efficace lorsqu'il met à profit un désir naturel de l'animal. Il est judicieux de donner les "leçons d'immobilité" lorsque le cheval est fatigué par un bon travail et éprouve une légitime envie de repos!

PENSEZ-Y !

- **Comme toute chose, l'arrêt peut se travailler à la longe, aux longues rênes, en liberté. Un cheval qui a acquis cette obéissance apprendra facilement à la respecter lorsqu'il est monté ou attelé, à condition qu'on ne lui tire pas sur la bouche.**

- **Il est bon d'associer l'arrêt (hors reprise de dressage, bien sûr) avec la notion de repos. Une friandise n'est donc pas interdite à ce moment-là comme adjuvant de la leçon. On peut même donner une musette d'avoine au cheval d'attelage, qui apprend ainsi à manger sans être dételé, ce qui peut rendre grand service.**

- **En dehors d'un TREC, évitez toujours d'enfiler un vêtement à cheval : si votre monture venait à partir, vos bras seraient bloqués ! Accident connu...**

50

Il bute

Un cheval qui bute ou trébuche, c'est ennuyeux et cela peut être dangereux. Cela prouve que quelque chose ne va pas physiquement ou psychologiquement. Mais peut-être êtes-vous tout simplement inattentifs tous les deux ? En tous cas, il faut distinguer le fait de trébucher occasionnellement - cela arrive à tout le monde – et le fait de trébucher régulièrement.

Si le cheval trébuche dans tous les terrains, et avec tous les cavaliers, le problème vient de lui : c'est un cheval âgé, fatigué, ou mal équilibré, gêné par une douleur ou une faiblesse dans l'un de ses pieds (ostéite par exemple) ou même dans son dos. Le problème peut aussi être psychique : le cheval est mou, paresseux, blasé du travail. Quoi qu'il en soit, si un cheval trébuche sans cesse, il lui faut du repos, un changement de mode de vie, ou la retraite.

Si le cheval bute occasionnellement, il peut s'agir de simple fatigue : cela arrive souvent à la fin d'une longue promenade ou d'une journée de randonnée, parce que le cheval en a "plein les jambes". Le fait de trébucher peut aussi provenir d'un élément extérieur comme une racine sur le chemin, une pierre, une inégalité de terrain. Ou encore d'une ferrure trop vieille : un cheval qui a les pieds trop longs bute inévitablement et risque de tomber. Le cheval peut aussi buter à cause d'une déclivité qui le met sur les épaules. Il peut aussi y avoir une mauvaise adaptation du cheval au cavalier : (cavalier grand et lourd sur un tout petit cheval, ou sur un cheval fatigué, ce qui revient au même). Enfin, le cheval trébuche souvent parce qu'il est mal monté ou tout simplement "pas monté" : il traîne, il ne se donne pas la peine de lever les pieds.

Insistons sur le fait qu'un cheval qui bute est dangereux pour les vertèbres cervicales de son cavalier, qui subissent une secousse d'avant en arrière surtout si le cavalier est distrait et ne "tient"

Dans les descentes, et surtout en terrain inégal, maintenez éveillée l'attention des chevaux par une sollicitation de la voix ou des aides d'impulsion.

pas bien sa tête. Bon nombre d'arthroses cervicales en sont la conséquence chez le cavalier adulte.

POUR LIMITER LES RISQUES :

Commencez par inspecter les pieds : s'ils sont trop longs, appelez le maréchal qui y mettra bon ordre.

Regardez aussi si le cheval boite : en remédiant à une douleur ou un inconfort, peut-être cessera-t-il de trébucher. Des radios du pied ne sont pas inutiles si l'incident devient régulier.

Il faut travailler le cheval qui a tendance à buter avec discernement. En extérieur, passez au pas dès que le terrain est en descente. Ménagez-le cheval quand il est fatigué. Gardez un œil attentif sur le sol. Dans certaines forêts, les racines affleurent sur les chemins.

Il bute

Ne surchargez pas l'avant-main du cheval. Veillez au bon positionnement de la selle : si elle avance trop (c'est le cas chez certains poneys) utilisez une croupière (après y avoir habitué le cheval progressivement car elle peut provoquer des ruades). En randonnée, ne mettez pas de sacoches trop lourdes sur l'avant.

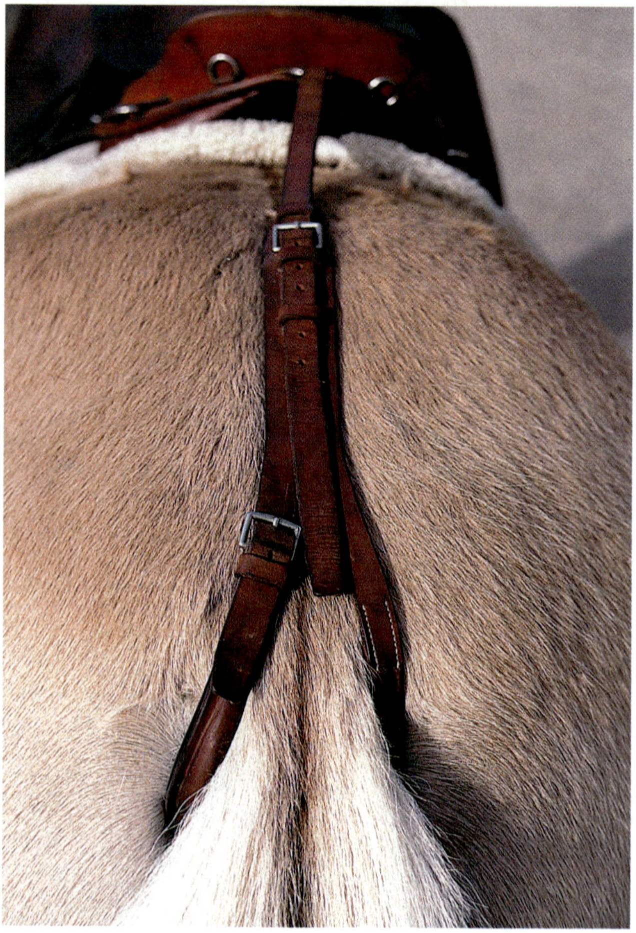

Le cheval bute souvent par surcharge des épaules, notamment lorsque la selle a glissé vers l'avant. L'usage d'une croupière peut suffire à éviter cet inconvénient.

L'inspection régulière de la ferrure évite bien des risques inutiles. Dès que les pieds sont trop longs, et même si les fers ne sont pas usés, il faut appeler le maréchal-ferrant.

Veillez toujours à maintenir l'impulsion : si le cheval "dort" en promenade, réveillez-le, obligez-le à marcher d'un pas alerte. Au trot, ne le laissez pas se mettre sur les épaules, gardez vos rênes ajustées, regardez loin, poussez votre cheval dans les jambes sans pour autant le précipiter.

Certains recommandent de rester rênes longues, sous prétexte que le cheval est plus adroit lorsqu'il voit où il va. Je pense qu'avec un cheval qui bute, la prudence impose de garder les rênes ajustées, pour pouvoir instantanément réagir et empêcher la chute.

PENSEZ-Y !

Indirectement, la fatigue du cavalier peut aussi faire buter le cheval. Ne vous laissez pas bringuebaler. Tenez votre dos, veillez à votre fixité. Si vous êtes fatigué, n'hésitez pas à abréger une promenade ou une reprise plutôt que de voir trébucher, et peut-être tomber, le cheval.

Il “blesse”

Bien sûr, un harnachement mal adapté et mal mis en œuvre entraîne chez tous les chevaux un risque de gonfles, érosions, blessures. Ce qui nous intéresse ici c’est le cheval anormalement sujet à ces problèmes, soit par sa conformation, soit par la finesse de sa peau, soit par son comportement.

QUELS SONT LES CHEVAUX QUI BLESSENT ?

Le cheval à peau fine (pur-sang).

Le cheval à garrot haut et tranchant, à qui toutes les selles ne conviennent pas.

Le cheval trop gras, exposé aux plaies de passage de sangle, où les plis de peau entraînent pincements et frictions.

Le cheval “rond”, sur lequel la selle tourne, expose son garrot à des pressions latérales asymétriques qui se traduisent par des œdèmes chroniques.

Le cheval de bât porte une charge inerte : il est donc particulièrement exposé aux plaies de harnachement. Sangle, bricole et avaloire peuvent être gainées de peau de mouton.

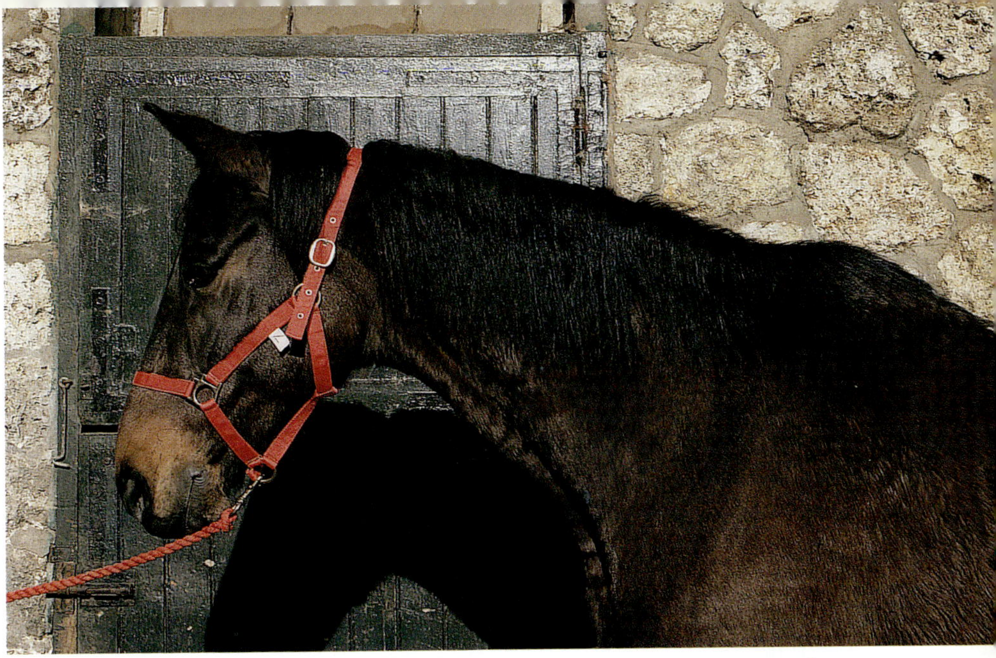

Un garrot haut et tranchant est exposé au plaies de harnachement. La prévention est alors essentielle.

Le cheval aux allures très étendues augmente le déplacement normal du harnachement et l'amplitude des frictions du cuir.

Le cheval qui n'est pas droit, se traverse, s'énerve : le contact du harnachement étant asymétrique, les frottements sont accentués en certains points (exemple : en attelage, un trait frotte plus que l'autre).

Le cheval rétif ou capricieux est plus qu'un autre menacé de gonfles à la suite des luttes qui provoquent chez le cavalier des déplacements d'assiette inopportuns.

EMPÊCHER DE BLESSER :

Nous n'aborderons pas ici les techniques à connaître pour bien seller, brider, bâter, ou garnir. Ces sujets sortent du cadre de cet ouvrage, de même que le bon équilibrage des voitures et des paquetages.

51 Il “blesse”

Bornons-nous à rappeler qu'avec un cheval sensible aux problèmes de harnachement, nous devons :

Graisser et entretenir les cuirs de façon particulièrement rigoureuse, brosser les tapis et les guêtres, rincer les embouchures.

Ne jamais employer un matériel neuf pour une sortie de journée ou une randonnée.

Redoubler de rigueur dans le choix, l'ajustement et la mise en œuvre du matériel (sellerie et briderie, harnais d'attelage, matériel d'écurie ou de randonnée). Éviter tout pli indésirable dans le tapis de selle, toujours dégarrotter, être particulièrement attentif aux sangles…

Monter bien d'aplomb sur la selle (longueur égale des étriers) équilibrer rigoureuse-

En attelage, toute asymétrie dans la traction peut entraîner des frictions intempestives, provoquées notamment par les traits ou la bricole.

Le passage de sangle est une zone particulièrement exposée aux érosions cutanées. Un pansage régulier (pour retirer la sueur séchée) et un bon entretien des sangles sont essentiels.

ment les charges d'un cheval de bât (si nécessaire, peser les caisses ou sacs).

Veiller à l'équilibrage d'une voiture à deux roues, dont le poids porte en partie sur la sellette et dont les soubresauts se répercutent sur la sous-ventrière.

Éviter toute source de frictions : sacoches, fontes doivent être isolées du corps du cheval par un tapis suffisamment grand. Un simple imperméable roulé à l'arrière de la selle peut suffire à blesser un cheval à peau fine…

Ne pas hésiter à gainer de fourreaux en mouton certaines pièces de cuir sur lesquelles s'exercent des forces importantes : sangles, bricole et avaloire (bât ou attelage) …

Ne pas oublier que les couvertures d'écurie peuvent blesser au garrot lorsque le cheval se couche. Veiller à leur bon ajustement, de manière à éviter qu'elles tournent.

PENSEZ-Y !

- **Une usure de poil est le premier signe d'un début d'érosion. Réagissez tout de suite en supprimant la cause (réajustement des cuirs, installation d'une peau de mouton…)**

- **Une chaleur anormale est le premier signe d'une gonfle en constitution. Détectez-la en passant la main sur les zones "sensibles" : dos, poitrail (pressions de la bricole) passage de sangle…**

- **Une zone où le poil sèche plus vite que le restant de la robe après la douche a subi une pression anormale. Surveillez cette zone.**

LEXIQUE

Avaloire : en attelage, pièce de cuir passant sous la croupe et destinée à retenir la voiture dans les descentes. Pour un cheval de bât, l'avaloire permet à la charge de ne pas avancer sur le dos de l'animal.

Bourrelet périoplique : bourrelet situé à la partie supérieure du sabot et servant à sécréter le vernis protecteur.

Bréhaigne : se dit d'une jument qui possède des crochets (canines). Son caractère est parfois dominant et difficile.

Bricole : en attelage, pièce de cuir passant sur le poitrail et sur laquelle sont fixés les traits.

Cagneux : cheval présentant une défectuosité d'aplomb : ses pieds ou ses membres sont tournés vers le dedans.

Caveçon : licol à muserolle renforcée, agissant sur le chanfrein et utilisé pour le travail à la longe ou monté.

Chambrière : fouet de manège.

Chanfrein : partie antérieure de la tête, qui s'étend des yeux aux naseaux.

Chifnez : embouchure de contention formée d'un anneau, souvent employée pour présenter les chevaux entiers.

Croupière : courroie passant sous la queue et fixée à la selle, empêchant cette dernière de reculer.

Défense : manière dont le cheval cherche à sc soustraire à une demande du cavalier.

Dégarrotter : amener le tapis de selle contre le pommeau de la selle de manière à éviter toute gêne au niveau du garrot.

LEXIQUE

Éponges : extrémités postérieures du fer à cheval, correspondant aux talons.

Foal : poulain de pur-sang de moins de six mois.

Fouailler : agiter la queue nerveusement. Le cheval qui fouaille est mal à l'aise ou en colère.

Gogue : enrênement dérivé du chambon destiné à donner au cheval une meilleure position de la tête.

Gonfle : terme cavalier pour désigner une tuméfaction due aux frictions du harnachement.

Goyoaga : filet muni d'une gourmette.

Grégaire : qui est relatif au troupeau (instinct grégaire).

Hackamore : bride sans embouchure, agissant sur le bas du chanfrein.

Hémione : mammifère cousin du cheval et de l'âne.

Leader : cheval de tête dans un attelage en tandem.

Martingale : courroie allant de la sangle à la partie inférieure de la bride.

Muserolle : pièce de la bride ou du filet servant à empêcher le cheval d'ouvrir la bouche.

Onagre : variété d'âne.

Panard : cheval présentant une défectuosité d'aplomb : les pieds ou les membres sont tournés vers le dehors.

Pelham : embouchure à branches et gourmette, à utiliser en principe avec quatre rênes.

Pince : partie antérieure du pied du cheval ou du fer à cheval.

Prédateur : animal carnivore dont le cheval peut être la proie.

Reculoir : action de reculer pour se soustraire au mouvement en avant ou à une demande du cavalier.

Rênes allemandes : rênes allant de la sangle à la main du cavalier en passant par les anneaux du mors.

Rétif : cheval refusant le mouvement en avant.

S'atteint : se dit d'un cheval dont les membres se touchent lors du travail (généralement, ce sont les membres postérieurs qui viennent toucher les membres antérieurs).

Sanglage : action de sangler.

Sellette : en attelage, sorte de petite selle qui supporte les brancards.

Sous-ventrière : sangle, dans un harnais d'attelage.

Surdents : aspérités coupantes dues à l'usure irrégulière des dents.

Timon : en attelage, barre séparant deux chevaux attelés de front.

Tord-nez : bâton muni d'une corde destinée à enserrer la lèvre supérieure du cheval pour le maintenir immobile.

Trait : en attelage, courroie reliant la voiture au harnais et permettant la traction.

Trousse-pied : courroie facilitant le maintien d'un postérieur pendant le ferrage.

Wheeler : dans un attelage en tandem, cheval attelé à la voiture.

CRÉDITS PHOTOGRAPHIQUES

Lætitia Bataille : p. 9, 35, 81, 140, 143, 146, 147, 148.

Gabrielle Boiselle : p. 29.

Christine Caillière : couverture haut à gauche, p. 30, 31, 36, 40, 41, 44, 75, 78, 87, 101, 130, 131, 139.

Frédéric Chéhu : p. 47, 68, 91, 92, 93, 99, 145.

Anne-Sophie Flament : p. 33, 51 haut, 53.

Bob Langrish : p. 48, 113, 127, 138.

Bernard Lecointre : p. 25, 52, 67.

Illustrations Philippe Meyrier : p. 20, 21, 22, 23, 56, 57, 60, 61, 62, 63, 64, 65, 83, 85.

Collection OPTIPRESS : p. 49, 57.

OPTIPRESS / Virginie Bruneau : p. 116.

OPTIPRESS / Frédéric Chéhu : couverture, p. 1, 16, 17, 19, 24, 26, 27, 32, 39, 42, 43, 46, 50, 51 en bas, 59, 69, 71, 72, 73, 74, 79, 84, 88, 95, 97, 98, 109, 115, 117, 119, 121, 123, 128, 135, 137, 144, 149.

Catherine Potdevin : p. 54, 107, 133.

Annette Soumillard : p. 34, 103, 104, 110, 125.

Achevé d'imprimer en novembre 2000
sur les presses de l'imprimerie Impresos y Revistas (Espagne)
Dépôt légal : novembre 2000
Numéro d'ISBN : 2-904971-42-4

Conception graphique et réalisation : Dagui Tanaskovic